オカルトがなぜ悪い！

井村宏次
稲生平太郎
吉永進一
横山茂雄 編

BNP
ビイング・ネット・プレス

目次◉オカルトがなぜ悪い！

凡例

一、初出時の誤植や明らかな間違いなどは原則的には注記せずに訂正したが、編注で指摘した場合もある。

一、読みやすくするために、句点を整え、ルビを新たに振り、剰語を削るなどの改変をおこなった。

一、外国の人名のカタカナ表記などは、若干の修正を施した上で統一をはかった。

一、初出時の注は、場合によっては編者が加筆修正を施した。また、新規に多くの編注を加えた。

一、〔　〕は、不明瞭な文意を補うためなどに編者が挿入した箇所に用いた。

一、初出時に掲載されていた図版の大半は再録しておらず、本書の図版の多くは新たに挿入したものである。

鼎談1　オカルトがなぜ悪い！

井村宏次
稲生平太郎
吉永進一

第1部　浅薄な批判に断固反論

隠された知の体系――オカルトの起源

井　村　今、日本では、世の中にわだかまっているへんてこなものがみんなオカルトみたいになってるでしょう。オカルト批判というのは、オカルトを社会通俗的にとらえているふりをして、じつはずいぶんバッサリやっているところがある。そのへんで、オカルトとはいったい何だろうみたいな、言葉の定義というか、歴史的な定義とか、今現在、流通している意味での定義といったものがあると思うんだけど……。

吉　永　「オカルティズム」という言葉は、最初は、キリスト教以外の怪しげな術を指したのが始まりだったはずですよね、一九世紀までは。

稲　生　「オカルト」は、じつはそんな古い言葉じゃない。[1]

吉　永　「オカルト」自体はね。最初は「オカルト・サイエンス」という言葉がルネサンス以降あって、それに「オカルティズム」という名前をつけて、いろんなもの、たとえばカバラとか魔術とか占星術とかを全部ひっくるめて説明しようとしたのが、エリファス・レヴィ[2]ですね。一九世紀半ばに彼が出て、ひとまとめにしちゃう。

その時点までは、多分キリスト教に対抗するものという教会側が作りあげたイメージがあったと思うんですが、それ以降はキリスト教というより自然科学との関係が問題になってくる。

稲　生　でも、ルネサンス期の「オカルト」的な思想は、アンチキリスト教じゃないでしょう。人文主義者たちは、むしろキリスト教的カバラとかキリスト教的魔術を標榜していたわけで、ルネサンス期において別にアンチのニュアンスはないと思うんですが。

井　村　「オカルト」というのは、語源的にはどうなのかな。

エリファス・レヴィ

稲　生　語源的には「隠されたもの」ということ。「サイエンス」はもともと「知識」の意味ですから、「オカルト・サイエンス」というのは「隠された知識」。要するに、普通に認識されている知の体系以外に別の秘められた知の体系があるんじゃないかという発想なわけです。

井　村　それで「オカルト・サイエンス」という言葉がルネサンス期に考えられた。

稲　生　ルネサンス期には、それまで失われていた知識がまた出てくるわけですね。ギリシア、ローマ、それからイスラム圏の知識なんかも含めて、そういうものが復興してくるわけで、そういう流れもあったと思うんです。要するに、中世ヨーロッパの知の主流体系以外に別の体系があるんじゃないかみたいな。

吉　永　確かにオカルト・サイエンスの側には、あまり反キリスト教という考えはなかったのかもしれません。とはいえ教会側から見れば、ダイモン[3]を使う魔法とか、どうしても一神教のキリスト教が忌み嫌う多神教崇拝の要素があるわけで、やはり弾圧を受けています。オカルティズムの一部からはっきりと異教主義が出てくるのは、近代以降のことでしょう。

それと同時に、もう一つ、自然科学との関係が出てくるんですけど、その関係もややこしくて、オカルティストはたいがい科学者だと自称するという傾向が、昔からあるんですね。だから、単純に自然科学と対立する図式でもない。ただ、言えるのは、その時代ごとの社会の中心をなす知識からあぶれたものが、オカルトと名づけられている。少なくとも一九世紀以降は、そういう感じですね。

稲生　本当にそのへんがややこしいと思うんだけど、今、日本でオカルトと言った場合のイメージとはちょっと違うんですよ。たとえばヨーロッパでもウィッチクラフト――日本でいえばイタコ、ユタなどの巫覡《ふげき》や行者、拝み屋さんかな――といった感じのものがずっと同時にあるわけだけれども、これはオカルト・サイエンスとは呼ばない。さっきも言ったように、オカルト・サイエンスは「知識」であって、一部のインテリのものなんですね。そして一方には、ウィッチクラフトとかそういうものが民衆の側にある。まあ一九世紀には、それが合流してくるわけですけど。だから、そのへんはかなり厄介な問題だと思う。

今、日本でのイメージとしてのオカルトというのは、かなり広範囲ですよね。当然、巫《ふ》術《じゅつ》みたいなもの、シャーマン的なものなんかもオカルトの範疇に入ると思いますし、別に入ってもかまわないと思うんですけれど、一八世紀頃までの西欧オカルティズムでは、そういう民間の技法はさほど前面には出てこない。

吉永　儀礼魔術の一部には意識の変容を伴うものもあったし、カリオストロ[4]のやった占いは巫術的なものだったわけで、ある程度は広い意味でシャーマン的なものも入っていたと思います。ただ、一九世紀のオカルティストはいずれもスピリチュアリズムを批判しているんです。霊媒たちはコントロールできない力に操られているが、自分たちは見えざる力をコントロールしていると。ここにオカルト・サイエンスのサイエンス的な部分が出ているように思います。

井村　「オカルト・サイエンス」とか「サイキック・サイエンス」とかいうように、科学が認めない領域のものに「サイエンス」をつけて、それを「〇〇科学」と訳して、それで済む問題じゃないということだよね。

稲生　そうですね。「サイエンス」という言葉自体、そもそも「科学」とは訳せない。さっき言ったように、もともと知識という語源があるわけで、常にそれがつきまとう。知識の体系とか知識というイメージなんですよ。

井村　ぼくの知っているある心霊研究者は、常々「サイキック・サイエンス」とかをそのまま日本語に置きかえて「心霊科学」とかやっちゃうわけだよね。また別の知り合いの科学者という立場の大学の先生が「それは、サイエンスと違う。科学やない」と言って怒るわけ。「サイエンス」って言葉に対して互いに考えていることが違うんだ。どっちが正しいかというと、何か変てこなんだよね。結局、日本語の翻訳の問題というか。

稲生　そうですね。

吉永　ただ、「サイキック・サイエンス」自体も、その曖昧なところを利用しているという部分もありますよね。つまり「科学」という語のもつブランドイメージ――実証的とか合理的とか――を一方では利用していますよ。

稲生　逆にまた、近代以降は西洋でも「サイエンス」というのは日本語でいう「科学」になってきているわけで……。

井村　守備範囲が狭まってきた。

稲生　ええ。すると逆に今度は、今おっしゃったように「オカルト・サイエンス」と言えば、オカルトを「科学的」に探求するというイメージが出てくるわけです。でも、もともと「オカルト・サイエンス」には、やはり先程言ったような意味がある。

井村　なるほど。

稲生　隠れた知識の体系があって、それを利用すれば、普通のサイエンス、つまり表に出ているサイエンス以上に、世界とか自然をコントロールできるんじゃないかというイメージは絶対あったと思いますね。

井村　そういう意味では、今ちょっと低調のニュー・サイエンスも「隠された次元」とか「隠れたエネルギー」とか「陰の……」とか「暗黙の……」とか、裏側という形でもう一つの体系があるみたいなことをしきりに言ったでしょう。何か重なるような感じがします。

稲生　そうですね。

井村　裏にあるものこそ真実であるみたいなことを歴史的に引き継いで、ニュー・サイエンスが同じようなこと言うのは、現象的に非常におもしろいと思います。本当は、裏だけでもだめだし、表だけでもだめなわけですね。物事を認識するというか、本当のことって何なのかというのは、なかなか難しいと思います。

「オカルト」というのは、ヨーロッパではインテリ層のものだったわけですね……。

稲生　一九世紀まではインテリ層のものです。だから、オカルト・サイエンスとかオカルティズムというのは、ある意味でかなり「高級」なものだった。

井村　それと、反キリスト教的なシャーマニックな、呪術的なことが民衆の中では行われていて、それはそれでオカルトの一つの伝統なんです。各種の占いであるとか神がかり的なものとか、魔法的なものとか……。

稲生　心霊治療みたいなものとか。

井村　そういったものがいっぱいあったようですね。

稲生　ええ。

井村　キース・トマスに[5]『宗教と魔術の衰退』〔荒木正純訳、法政大学出版局、一九九三年〕という名著がありますが、中世から現在に至るまでの魔術の内容がずいぶん詳細に書かれています。その中に、ワイズマンとか、ウィッチとか、ウィザードとか、日本語に訳しにくい、シャーマニズム的な呼び名が出てきます。

稲　生　それも言葉の問題ですね。ウィッチクラフトという言葉自体、日本語に翻訳できない。ただし、概念は日本でも一緒だと思うんです。ウィッチクラフトという言葉は、うまく言えないんだけど、日本でいえばさっきも言ったように、イタコとか、民間にいたおまじない屋さんのおばさん――おじさんでもいいんだけども、そういう人をイメージしてもらえば、たぶんそれで合っているんじゃないかな。

井　村　なるほど。

稲　生　ただ、日本ではそれを一言でいう言葉がない。そういう民間の祈祷師さんとか行者さんとかを全部ひっくるめていう言葉って、ないですよね。

井　村　何かぼくの感じでは拝み屋さんとか、そういう言葉が非常に合うような気がします。

稲　生　そうです。それに近いかもしれない。それからウィッチクラフトの場合は、ハーブとかを使った薬もつくるわけで、当然そういう薬づくりも含めています。日本の拝み屋さん、行者さんなんかも一緒だと思いますけど。

井　村　ぼくが『霊術家の饗宴』を書いたとき、「験者《けんじゃ／けんざ》」とか「修験《しゅげん》」という言葉を多用したんだけど、その「修験」とか「験者」の中に含まれているようなものなんだね。験者とか里修験たちも呪術を行なう一方、薬草を与えることもあったのだから。

稲生　でも、ウィッチという言葉を日本語では魔女と訳してしまう。それではウィッチクラフトは魔女かというと、じつはそうじゃないんですよね。魔女とか魔術というイメージとはかなり食い違う。要するに普通の田舎にいるおじさん、おばさん、あるいは、おじいさん、おばあさんで公《おおやけ》には認められていないけれども、効き目のあることをしている人がウィッチでありウィザードなんですよ。

井村　「効き目のあること」ですね。

稲生　やっぱり効き目がないと……。効き目があると考えられたわけです。少なくとも。

吉永　西洋では、ウィッチには「迫害された」というイメージがあるよね。だけど日本の場合は、拝み屋さんという言葉の中には迫害する、されるというような意味合いはあまり感じられないんですけど、どうでしょうか。

井村　いや、日本でも迫害はいろいろありましたよ。

吉永　ただ、ヨーロッパほど劇的な形ではなかったわけでしょう。

井村　これは後でちょっと言わなくてはいけないけど、明治維新のときには「市子《いちこ》禁止令」――要するに霊媒のようなことはやったらいけない、認めないという――そういうお達しが出た事実もあるんです。

稲生　それは、外国に対してみっともないという意識があったわけですよね。

井村　当然そうです。恥ずかしい、ってね。

稲生　ところが、西洋にも霊媒はいたし、ウィッチもいた。知らなかっただけなんです。

井村　イタコのような存在は日本文明の恥部であって西洋文化導入の妨げになるという考え方があったようですね。

稲生　結局、向こうのウィッチクラフトもそういうことだと思います。これは誤解されないように言っておいた方がいい。

井村　それともう一つ、言葉の話になってしまうんですが、「マジック」ね。これも洋書を見ていると、「オカルト・マジック」とか「サイキック・マジック」とか何々マジック、とマジックがいっぱい出てくる。日本語で訳してしまうとすぐ「魔法」になるんだけど、その一方で「手品」という意味もあるしね。

吉永　ありますね。昔の手品師の中には東洋の魔術師の扮装をする人も多かったですよ。

井村　だから日本では、「マジック」が手品だったり、魔法だったり、変てこなことになってしまう。そのあたりの問題も、何かこのオカルト分野に関係してるような気がします。たとえば、オカルトを科学的に解明するというテレビ番組に手品師の人が出てきたり、あるいはオカルト批判をやってる人が、「これはマジックを使っている」って言ってみたり。「オカルト」「オカルト・サイエンス」、それから「マジック」「ウィッチ」に象徴されるものが、キーワードみたいな気がします。こういったものは、どうも日本の文化ときれいに重なり合わない。何かちょっと無理があるんです。

稲　生　一方で、重なり合っても、気づかないことが多いんです。言葉が全然違うから、ついその言葉のイメージに引きずられて重なりに気づかない。その両方だと思います。

井　村　なるほど。そういう流れの中で、要するに「隠された知」なんですが、日本のオカルト批判というかオカルトを話題にする場合には、隠された知の体系と、もう一つ、人間を超えた、人間に内在する、通常では発揮されないようなパワーの存在ということが問題になるわけです。

宗教に包含されるシャーマンの系譜――オカルティズムとキリスト教

稲　生　キリスト教ではどうなりますか。

吉　永　ウィッチクラフトに対するキリスト教の弾圧がありましたね……。

稲生　言葉でいえば、たとえば英語にはまた「ペイガニズム」[6]という言葉があるんです。

井村　「異教」ですか。

稲生　だから、そのへんがややこしい。本当に言葉の問題でひっかかりますね。

井村　ひっかかります。でも、それを解くカギは今のお話で出てきたと思う。言葉を超えた、人間がいれば必ず起こってくる何かシャーマン的な、マジカルな力――そういうものを担う術の存在、あるいはそれをやる人間の存在は、人類始まって以来、今に至るまで一回も止まっていないわけですから。そういうものがキリスト教とどう絡み合うか、ということだと思うんですよ。その意味で、さっきの『宗教と魔術の衰退』という本を見ると、中世期というのは教会が率先して魔術を使ってたわけですからね。たとえばお札《ふだ》を出したり……。

吉永　いわゆる「免罪符」というやつですね。

井村　今でいう意味のオカルトのオンパレードなんですよ。おまじないからお札からお祈りから、心霊治療まである。キリスト教を広めるために、そういう力を利用していったと書いてある。……ということは、キリスト教が興起するまでは、民衆の間にいろんな術の体系が、キリスト教が利用するもとになるものが、ぼくはやっぱりあったのだと思う。それを逆にキリスト教が、キリストあるいは教会の名において取り上げていったわけですから。

吉永　そうですね。たとえば、十数年前にモートン・スミスという古代史学者が『魔術師イエス』[7]という研究書を出しまして、イエスは暗示を使った魔術を行なったのではないかという結論を下しています。

稲　生　それともう一つ、言葉でいいますと、たとえばカトリックでは「セイント」、つまり「聖人」があります。これは教会が公認するんですが、セイントというのは、ほかの文化圏に行けばシャーマンなんですよね、たぶん。カトリック教会による非常に巧みな操作だと思います。シャーマンではキリスト教の体系に組み込めないけど、キリスト教でもシャーマン的なものは発現するわけ。それをどうするのかというと、セイントにしておけば安全なんです。聖人が奇跡を行なうわけですね。そうすると、それはキリスト教の偉大さを証明するということになりますから。けれど、実際にはあれはやっぱり間違いなくシャーマンでしょうねぇ（笑）。キリスト教の人は怒るかもしれないけれども。

吉　永　宗教学者エリアーデはシャーマンが動物の叫び声を真似するのと、聖フランシスコが小鳥と話をしたというのは、ともに楽園へのノスタルジアという人間実存の根本にある郷愁の現われだとみています。[8]

稲　生　体が宙に浮いたり、空を飛んだり、病気も治す。セイントというのは間違いなくシャーマンですよ。

吉　永　聖者が空を飛んでもかまわないけど、ダグラス・ヒューム[9]が空を飛ぶと問題になる（笑）。

稲生　そうそう。霊媒は空を飛ぶと怒られるし、田舎のおばさんが飛ぶと魔女だと言われて火あぶりにされるんです。だけど、そういうものは絶対出てくるから、完全にフタをしてしまったらキリスト教はもたない。そういう意味で、聖人というものをつくってそこに入れておけば何とか制度として機能するし、キリスト教も壊れずに、普通の民衆社会にあるものも何とか爆発しないでいける。そういう巧みな操作だと思います。

井村　日本ではそういう伝統はあまりないけれど、羽黒山あたりにいわゆるミイラがあるでしょう、高僧の。それも隠されて埋められてますよね。埋められているというよりも即身成仏なんだけど。キリスト教の場合だったら、聖者の遺体は一つの信仰の対象ですよ。

稲生　レリック（relic）、聖遺物ですね。

井村　だから死んでからでも、その遺体を通してシャーマニックなパワーを発揮しているんです。例のルルドのベルナデッタ・スビルー[10]も今でも本当にきれいで、なぜあんなにきれいにしてるんだろうって思いますが。似たような問題がレーニンにもあるみたいですけどね[11]。

拷問にかけられる魔女（16世紀ドイツ）

稲生　西洋にはやっぱりそういう伝統がありますね。レーニンの場合も間違いなく、聖人の遺体と同じ考え方でしょう。

井村　何かそういう文化のつながりを感じます。

稲生　それは間違いないと思います。

吉永　そうですね。キリストが蘇って最後の審判が起こるときも、肉体もろとも蘇ってくることになっているし、肉体に対する考え方が違うんじゃないかなと思います。

稲生　ぼくら、そんなの考えたら怖い。

吉永　ほとんど、ゾンビの発想ですよ、あれは。

稲生　じつはゾンビだったりして（笑）。

吉永　こんなこと言うと、バチが当たりそうな気もしますが（笑）。

井村　民衆の熱狂を高めるというか、民衆自身も高まりたがっているという点が、ぼくは重要だと考えているんです。たんに操作だけですむ問題ではなくて、民衆自身がエクスタシーを求めている。それに応える形で、いろんなものが出てくるわけですからね。

稲生　そう、たとえば聖母マリアの顕現とか。カトリック圏では、今でもマリアを見たという人が次々出てきてますから。マリア信仰ということでなんとかカトリックは維持してるけれど、やっぱり見る人が出てくるんです、必ず。

吉　永　そうですね。カトリックの場合は、ミサとかルルドの聖水とかそういう形で魔術的なものも絡んでいる……。

稲　生　近代というのはプロテスタントの出現と重なってますでしょう。これは大きいと思います。クェーカー、シェイカーといった流れはあるにせよ、[12]プロテスタントの本流は、シャーマニックなものを極力否定する方向にいくわけで、シャーマン、セイントというのを認めない。

井　村　ところが、最近また言われてきています。ぼくはそれを「ニュー・クリスチャニズム」と呼んでいるんですが、そういう奇跡を実際に起こしてみせる、みたいな流れがどんどん強まってきているんですよ。

吉　永　ええ、そうです。カリスマ運動[13]。

井　村　あるいはその前のペンテコステ運動[14]ですか。そういう流れの中で、牧師自身がシャーマニック──というと怒るかもしれないけど、聖霊のお力で……。

吉　永　ペンテコステの場合は、ほんとうに異言を唱える。［霊的恍惚状態で理解不能な］言葉を話し出すというから、これは霊媒とほぼイコールの現象ですよ。

稲　生　リヴァイヴァル運動というのは、必ずそういうカリスマティックな人物や牧師が出てきて指導していくわけですね。

吉永　そうです。

井村　福音派[15]にその流れが強いみたいですけど。この間、テレビでニューギニアの「魔境イリアンジャヤ」というのをやってましたが、そこで静かに暮らしていて文明と接触のない人たちの中に、宣教師がどんどん入っていっているらしい。あれを見ているとすごい。たぶん、福音派の牧師さんじゃないかな。そういうパワーみたいなものは今も衰えてないし、いわゆる未開の地というのはシャーマンの本場だから、何らかの意味でシャーマニックな部分がないと勝てないですよね。

吉永　アフリカあたりで宣教師が布教してると、シャーマン、マジシャンと魔術合戦になったり、対決したりすることもあるみたいです。

井村　そういう宗教の現場では、オカルトと呼ばれているような部分のものが現実に今も行なわれているし、キリスト教の布教過程にも濃厚に出ているわけですから。これは、そういったものをテレビで取り上げたり、ブームになるのがいい悪いというふうに紋切り型に、たんに高圧的にいってすむ問題ではないですよ。

稲生　そうですね。キリスト教は、カトリックもプロテスタントも、いわゆるオカルトについては悪魔が背後に潜んでいるといって非常に警戒しているわけです。ところがキリスト教を客観的に見たら、やっぱり同じような衝動を抱えているというか、根は一緒だと思います。そういう関係がある。

吉永　そういうふうに考えてしまうと、本来キリスト教にはオカルト現象がかなり浸み込んでいて、はっきりわかれたところがないんですが、近代ではオカルトというのはいかがわしいという形で切り取られています。

井村　そうそう。いかがわしいという形なんですよ。

吉永　これは、キリスト教とか科学とかそういうイデオロギーを超えた、時代の雰囲気みたいなものがあるような気さえするんです。

井村　よく言われてることで言うまでもないけれど、科学技術そのものがマジックですよね。つまり、一つの力を自由自在に取り出して実現させていく技術体系という点においては、マジカルなものです。だから、そのマジカルなものが、スーパーマジカルであるオカルト的なマジックを抑圧しようとするのは当然じゃないでしょうか。

吉永　科学技術が術を独占しようとしてオカルト的な術は排除されたんですね。

井村　そうそう。そのあたりがなにか根底にありそうだよね。

吉永　それともう一つは、科学技術の場合は誰でもできるけれども、オカルト・サイエンスは誰でもはできない。

稲生　いや、それはそうじゃなかったんだよ。さっきのオカルト・サイエンスに戻りますけど、あのころのサイエンスというのは一部の限られた人の所有物で、誰でもできたわけじゃない。

近代サイエンスが出現した当初には、一般の人にはできなかった。サイエンスは知であり、すごい力だったから、これを所有している人は強いわけですね。自然魔術《ナチュラル・マジック》、つまり自然を開くカギを握っているということで。そして、その中からまた一部の人は、今あるサイエンスに比べてもっとすごいサイエンス、オカルト・サイエンスがどこかにあるんじゃないかと思って突出していくわけです。英国ルネサンス期のジョン・ディー[16]なんかがその典型だと思います。彼は当時のイギリスで立派な科学者でしたが、それ以上に行こうとした。でも、行こうとしたら、いろいろ恐ろしいものが待ち受けていて、結局、身を滅ぼしてしまう。

吉永　ルネサンス期はそうですが、近代以降は……。

稲生　近代以降は、もちろん科学が一般化していきますから。

吉永　科学が理論面で一般化したとは言えないでしょうが、応用面、技術の面では一般化しましたよね。多分、魔術と違って誰にでもできたからではないでしょうか。電信を使えば、いわばテレパシーを使ったのと同じ効果が得られるわけです。そうした魔術的な夢

エリザベス朝時代の科学者にして魔術学者ジョン・ディー

を実現したという面はあると思います。

知と熱狂のバランスシート――繰り返されるオカルト批判

吉永　今、日本でオカルト批判という場合は、どこまで入るのか。今まで話してきたような宗教の部分も視野に入れているのかどうかですね。

井村　宗教の部分を入れちゃうと、大変なことになりますよ、ほんとうの話。

吉永　いや、批判する側が入れてるのかどうかということ。ほんとうはそこを言いたいんだけど、もしかして、宜保愛子[17]さんだったらいじめやすいとか、そういう形で問題を提出していないかなという気がするんですが。

稲生　そこは両方あるでしょうね。本心は宗教批判をしたい人もいて、その代替物としてやっている。同時に、これは典型的な日本の知識人のパターンだと思うけど、宗教は宗教でも、キリスト教は構わないんだという人もいるわけですね。実際のところは、キリスト教というのは、世界の大宗教の中でも非常にオカルト的要素を抱え込んだ宗教であることは間違いないと思うんです。でも、残念ながらそうは思ってない人もいらっしゃるようなので、そうすると、キリスト教は許してもらえちゃって、宜保愛子さんなんかはいかんと（笑）。宜保愛子さんも、国や時代が違ってたらセイントかもしれないんですけど。

井　村　キリスト教のほかに、ぼくがもう一つ日本の知識人に感じるのは、禅はいいという考え方です。だから、キリスト教と禅というのはまるで公認宗教のように思える。

吉　永　何ででしょうね。

井　村　二大知識人宗教だからじゃないですか（笑）。

稲　生　そりゃそうですね（笑）。

吉　永　その場合、キリスト教でも、オカルティックなキリスト教を念頭においているわけではないんです。アウグスティヌスとかキルケゴールとか、もっと実存的なキリスト教ですね。

井　村　たしかに日本の知識人は、キリスト教とか禅というのを、イメージ的に、ストイックで、オカルト的な部分を含んでいないものとしてとらえようとしているけど、そんなことはないというのは向こうの本をちょっと読めばすぐわかる。宗教は実践の体系だから、その宗教の都合のよいところだけを見るんじゃなくて全体を見ないとね。実践ということは自分の魂をあずけるってことなんだから。

吉　永　それと問題なのは、そんなふうに禅とかキリスト教とかをとらえているってことは、人間の生の一部分しか見ていない、きれいな部分しか見ていないことになる。生きている人間にはもうちょっといろんな欲望がありますよ。

井　村　でも、やっぱり死という恐ろしいものと対抗していくにはマジック的なものが必要じゃないかな。あるいはシャーマニック・パワーとかマジカル・パワーとか、そういうものが死の対極にはあるのではないかな。だから、民衆はそれを求めて当然そちらの方へ行っちゃうわけなんですよ。その意味でも、吉永さんがおっしゃるように、たしかに非常に一面的だよね。

稲　生　近代以降の日本においてのオカルト批判というのは、ややこしい。西欧でのオカルト批判というのは、ある意味ではきわめてストレートなんです。ところが日本の場合は、近代における西欧文化受容以降の日本の歴史と、それ以前の日本の歴史が絡み合っていて、分離しないでごちゃごちゃになっているでしょう。にもかかわらず、批判する側はそれを意識してなくて、無批判的に西欧文明にのっかっていますから。

井　村　そうそう。意識してないですね。

稲　生　そのへんは、やっぱりちょっと意識してもらわないと困ると思うんですが。

井　村　ぼくらの存在そのものが何重にもねじれているという感じで、そのねじれを戻さないといけないのか、このままでいいのかっていうことだよね。それをここらあたりで見直す、つまりオカルトをしっかり把握することによって、自分らのねじれもわかるんじゃないかしら。何回ねじれているかってことが（笑）。

オカルトの歴史というのは、それを日本と重ね合わせると、もう歴史そのものという思いがします。また人間そのもの、あるいは宗教の本質と言ってもいい。さっきも強調したけど、熱狂の状態では、その中で価値観がコロッと変わってしまうんですよ。だから、聖者が空を飛ぶというのもまともに信じられるようになる。そして、その熱狂の反対側にあるのが、知なんです。知識の知というのは、クールつまり冷ですが、宗教的なものの本質は熱狂だから、これはホット、熱なんですよね。その知と熱狂、冷と熱という二つのものが揺れ動いていて、どちらかがのし上がったり、抑圧されたり。その繰り返しみたいに思います。

その両者が一体となって、一人の人間の中に顕現してくると、ヒトラーみたいなことになってくるんでしょう。その場合に、熱狂だけが悪いと言われても、しようがない面がある。いかにクールな知をもって熱狂を冷やしていくか、そのことが大切だと思います。

そして、そういう根本になる繰り返しがあって、その中で具体的なオカルトの術としての流行というのがあるんです。それが宜保愛子さんだったり、血液型の占いだったり、あるときは星占いであったり。数値化はできないんだけど、そういう周期的な流れが、また問題をいっそう複雑にしていますよね。やっぱりそう見ていくべきじゃないかと思う。

稲生　だから、オカルト批判をする人たち、全部じゃないにしてもかなりの方は、その熱狂というものが嫌いなんです（笑）。まあ同時に、恐れていると言ってもいいんでしょうけど。

井村　今は、どっちかといったら、オカルトに対して恐れてるのと嫌いなのが、非常にアンビバレントに存在しているわけです。でも、その底には、結局は同じ人間だから、「何かあるのかも……」という期待の気持ちも同時にあるわけです。

稲生　しかし、その熱狂にフタをしても仕方ない。見えないふりをしても仕方ないですね、やっぱり。

井村　そう。熱狂にフタしようとしても、できるものじゃない（笑）。フタをしようとすると、いろんなものが出てくる。やっぱり無理みたいですね。だから、その無理だということをわかるべきじゃないかな。

無意識的詐欺を呼び込むもの——オカルトと心霊研究《サイキカル・リサーチ》

井村　科学の分野でカウンター的に出現したのが「心霊研究[18]」みたいな……。

吉永　心霊研究には、科学によって宗教的な主張が証明されるはずだという、変なねじれがありますよね。そういう意味では、科学を一種の宗教とみるというような言い方がよくありますけど、それに近い感じがします。

井村　スピリチュアリズム[19]という言葉でくるなら、一九世紀中ごろのニューヨークの……。

吉永　ああ、ハイズヴィル事件[20]ですね。

井村　あれがスピリチュアリズムの始まりだと、そのセクトの人は言うわけですが、それ以前にも似たようなことがありましたから。どちらかと言えば、「心霊研究というのは」科学の台頭と軌を一にして、民間にあったものが出会ったという感じです。

吉永　そうですね。それまで民間の閉じられたサークルで起こっていた霊媒現象が突然、科学とくっついてしまった。科学者がのりだしてきて研究し始めたという意味では「心霊研究の始まり＝オカルト批判の始まり」なわけで、そこはおもしろいですね。

稲生　ただ、メスメリスト[21]のやってたことは、性格は違うにしてもある意味ではスピリチュアリズムに近かったわけでしょう。

吉永　近いけど、あれは上から下へという感じで、ハイズヴィル事件の方は、本当に下からですよ。社会の下層階級から出たということだから。

動物磁気説の創始者メスメル

稲　生　心霊研究は別にしても、スピリチュアリズムは、やっぱりあのハイズヴィル以降、一気に盛り上がったでしょう。もちろん、それ以前にもあったけれど、あそこでウワッと熱狂した。一九世紀というのはかなりその熱狂が烈しい時代だったということは間違いないですよね。そこで科学がのりだしてくるわけ。

吉　永　科学は、水をかけようと、あるいは取り込もうとして……。

井　村　ここでまた「熱狂」が問題になってきます。その盛り上がりに対して社会全体が、どう揺れ動いて対応していくか。同じことの繰り返しなんだよ。

吉　永　そうです。当時もやっぱり手品師が出てきて、あれはこういう術だ、という種明かしをやっている（笑）。J・N・マスケリン[22]という手品師の出した暴露本が有名ですね。

井　村　ぼくはどこかに書いたことがあるんだけど、まず霊媒がある現象を起こして、それを手品師がまねして作るんです、その元祖がダヴェンポート[23]兄弟。手品師がやってることを霊媒がコピーするわけじゃない。逆なんです。そこがいつも同じパターンなんで、嫌になる。

たとえば近年だったら、超能力のスプーン曲げ。あれは文字どおり超能力者の専売特許だったと思うんですが……。「それは、手品でかんたんにできる」と言われてしまうわけです。だけど、そのオリジナリティーというか、そのオリジナルな現象の中に何かが含まれているということが言えるんじゃないかとぼくは思う。それが、必ず手品でできるということになってくると、ごちゃ混ぜになってきて、最初から手品を使う超能力者も出てくるんですよ。

その一番最初の例が心霊研究だった。暗闇実験の中で、霊媒はいろんな器具を使ったらしいし、実際、相当インチキが多かったみたいですから。

稲　生　そのへんがオカルトのややこしいところで、つねにインチキが入ってくるんですよ。熱狂ということは、逆に言えば、そこにつけこめば儲かるわけですから（笑）。お金のためにインチキする人とか、あるいは、売名行為とかいろいろあるでしょうし、そういうものが入ってきますよ。だけど、そこだけ取り上げて「インチキをやっている人がいるから、全部インチキ」という論法は、ちょっと行き過ぎじゃないかという気がします。

井　村　そうですね。それと、僕が強調したいのは、その流れの中にも、人間のもってる心理の領域とか、人間性のモチーフとかいうのが出てくると思うんだよ。よく言われることだけど、最初は本当の能力があった霊媒でも、それが消えてきたら、自分の名声を保つために何かやってしまうとか。

もう一つは、よく学者が言うことですが、ヒステリー性格だと、意識的じゃなくてそれを無意識にやる。だから、意識的詐欺と無意識的詐欺という二種類があるというふうになって、また問題が複雑になってくるんですよ。意識的にやったのが詐欺であって、無意識のものは詐欺とは言えない。むしろ一つの病理現象ということでしょう。それを責められるのか、という問題もある。

たとえばスプーン曲げがすごく流行したころに、ぼくは日本各地を訪ねて、いわゆる「超能力少年」を調べて回ったんです。そうすると、明らかに無意識的詐欺をやる。意識的とはちょっと思いにくい。子供が何らかの報酬を求めるために無意識にやってしまうんですね。それを責められはしないという気がします。やっぱり本物と思えるものもあったけど、無意識的詐欺が多かった。それから、中には意識的なものもありましたね。それなんか、勉強させてもらったような気がする。

稲生　でも、その無意識的詐欺を呼び込む、引き起こすのは、やっぱり僕たち人間の側の願望なんですよね。周りの人の思いとか、世間の欲望が引き起こすんでしょう。

井村　そうそう。周りの期待感とか圧力とか、逃げられない状況であるとか、そういういろんな無言の圧力、重苦しい実験室の空気とかみたいなものがね。そんなときって子供の目もちょっと変わってくる。やっぱり一種トランス状態って言うんでしょうか、何だかちょっと……。それはすぐわかるんですけど。

フィリピンの心霊手術なんかでも、本人はもう完全に信じている——すべて心霊手術は成功したと。客観的に見ると、心霊手術でも何でもない。たんに手をこね回してるだけだという例が報告されています*。心霊手術全部がこうだと言う気は毛頭ありませんけれど、この場合、本人の世界では、ちゃんと悪いものを取ったということになるわけで、そのへんのトランスっていうか、熱狂状態の変形というか、そういう意識の状態に人間がすべり込むことがある。

＊　フィリピンの心霊手術については、過去のゴンザレス[24]ら真実性の推定できる術師もいたものの、真実と虚偽が混交しているのが現状だ。この点、ブラジルではナイフなど初歩的医療〝器具〟を用いて無痛で切開を行なうなど[25]、ある種の〝超常性〟は明白に認められる（井村）。

オカルトを研究していく過程で、人間性の一面が明らかになったとぼくは思っているんですが、それは悪いとか良いとかというものじゃなくて、もっと深刻な問題なんですよ。人間て、ちょっと悲しい部分を抱えているから。でも、人間性を本当に知りたいならば、悲しい部分は悲しい部分でやっぱり知るべきだとぼくは思う。そういう隠された露骨な人間の部分というのがオカルト現象とかオカルト能力とか、そういう現場ですごく出てくるんだと……。ぼくもいろんな霊能者に会ってきたけども、そういうシーンがわりとよくありますから。たんに現象でウソかマコトかというやり方で何かが学べるかというと、何も学べないと思います。

稲　生　そうですね。ホントかウソか、真か偽かというそのレベルだけでやっていても、つねに実りは薄いですね。なによりも、オカルトはそこにあるんだから、まずそのありようをそのまま見つめるということが大事だと思います。

井　村　血液型なんかでも、ぼくのやってるよみうり文化センター[26]の教室で実験したんだよね。その結果からいうと、日本人には全員に共通する性格があるんだ。この民族的な特性を記述したものプラス何かという形でもうちょっとそこらへんを検討したら、ひょっとしたら世界に通用するほんまものの占いになるかもしれない。その問題を無視しちゃうとやっぱりよくないと思います。

占いは何でも——四柱推命から、血液型から何から、もういっぱい実験をやりましたけど、それはすごく思いますね。もうちょっと科学的な手法を用いて取り組めばもっといいものになるんじゃないか、もっとシャープになるんじゃないかと。その努力をした方がいいと。まあ、努力する必要もないのかもしれませんけど（笑）。

第2部　真実と信念の違い

無神論vs.有神論のイデオロギー闘争——客観的真理とオカルト批判

吉　永　海外のオカルト批判というのは、さっきもちらっと言いましたけど、結局は宗教批判をしたいんじゃないかなと。それが根底にあるんじゃないかと思うんですよ。
　つまり、キリスト教にしても宇宙観がある。科学にも宇宙観がある。キリスト教の宇宙観なんかもう要らないから放り捨ててしまえという、一つの世界観をめぐってのケンカということですね。だから、かなり批判する側も守る側も深刻になってると思うんです。日本の場合には、それほどはっきりした衝突をする場があるかどうか、よくわかりませんが。

サイコップ（CSICOP）[27]なんかの場合は、やってる人間が最初から無神論を「信じて」いるらしい。

井　村　無神論者であると……。

吉　永　そう。マーティン・ガードナー[28]なんかは、もともとファンダメンタリストだったのが無神論に転じて、オカルト批判を始めている。やっぱり相手にしたいのはキリスト教なんですけど、キリスト教はそのまま批判できませんから、たとえば生物学の中でも、進化論を否定する説——創造主義というのがありますが、それはキリスト教系だから排除してしまえとか、さらにもう少しレベルを下げて占星術なんかを批判する。占星術だったら、だれがみても常識的に批判できそうだというので、そういうところを目がけて叩いていく。だから、最終的にはキリスト教、宗教に対する批判が射程に入っていると思うんですが、実際に現在やっているのは占星術批判、ニューエイジ批判、それから創造主義批判、この三本柱です。

稲　生　要するに、無神論イデオロギーが有神論イデオロギーにケンカを売ってる、ケンカしているという……。

吉　永　つまり、科学という何か無色透明な、公明正大な方法があって、それをみんなが忠実に研究していったらオカルト現象にぶつかったと。オカルトの科学的研究というとそんなものを想像してしまいますよね。ぼくらは素朴にそういうことを考えるんですけれども、そうした素朴な科学なんてものは、どこへ行っても存在してないわけです。やっぱりイデオロギーがつねに背後にあって動いているということだと思います。

井　村　なるほど。それは非常に深い問題だよね。日本ではとてもそうは考えられてないでしょう。

吉　永　日本では、イデオロギー不在の論争のような気がしますね、むしろ。

稲　生　西欧の場合、科学はキリスト教とかなり起源において結びついているわけで、同じ科学の中でも「キリスト教」対「科学」ではなくて、「キリスト教的科学」対「キリスト教を排除しようとする科学＝無神論的科学」の対決みたいなところがあるわけですよね。

吉　永　そうかもしれない。

稲　生　日本にはキリスト教的科学なんてものは、ないんですよね。無色透明な科学しか、初めからない。西洋にはキリスト教的科学というのがあるということは、ぼくは間違いないと思いますよ。まあ、キリスト教的科学という言葉もおかしいんだけど。要するに、キリスト教的イデオロギーの基盤の上に成立した科学です。

井　村　その印象は、西洋の科学者の本を読んでも散見されますけど、その部分だけをすべてどけてやっているのが日本の科学ということですね。

でも、サイコップの深層というか、深いところ、それはなかなかおもしろいです。まあ、今回のテーマの中では当然出てくる話だけれども、そのことは同時に、日本の今の科学対オカルトということに適用できる概念でもありますね。

吉　永　だから、サイコップの側もキリスト教の側も――これはロバート・A・ウィルソン[29]の主張ですけど――考え方は同じで、客観的な真理が必ずどこかにある、と。サイコップの人間も、最初に前提として客観的真理を立てて、そこからオカルトはあり得ないという形で批判する。これはキリスト教の場合も同じですよね。神が七日間で世界を創ったんだから、進化論はありえないと。そういうドグマティックな批判を行なってしまうわけで、そこには、たとえば資料を集めていって、そこから法則を類推していってとか、そういう素人が思う科学的な作法というのはどうも存在していないようです。

実際、マーティン・ガードナーの本なんかを読むと、やはり今でもオブジェクティヴ・トゥルース（客観的真理）が存在するという言い方をしています。ただ、社会学とか哲学の一派では、今やオブジェクティヴ・トゥルースという言い方はあんまりされなくなっている。客観的な真理が本当にあるのか怪しいなというのが、二〇世紀の学問の一つの収穫だと思うんですけれども。

稲　生　そのへんが厄介ですね。そりゃもう日本の科学者の大多数は、客観的真理があるという、それ一本ですから、そういうことを言っても通用しない。怒られるだけなんです。何をたわごと言ってんだと。

井村 日本では客観的真理は、本当に錦の御旗だからね。

稲生 そうですね。客観的、普遍的真理みたいなことばかり言われる。

井村 そういう科学のある部分だけが純粋培養されたというか、あるいは批判とかいろんなほかの要素を排除しつつ結晶化していったという光景を、ぼくは日本の科学界の印象としてもっている。ところが、今、吉永さんがおっしゃったように、世界の大勢を見たら、それは違うんだよ。そのギャップがずいぶんあって、このごろ情報がようやく入ってきたという感じですよ。だから、科学者自身が日本の文化や西洋の文化、科学そのものの成り立ちとかを、今いろんな形で考えなくてはいけない。

吉永 そうですね。科学が、客観的な真理を立てざるを得なかったのは、キリスト教の世界観に対抗していたからでしょう。キリスト教には神様という真理の基準があったのに対して、客観的という基準を立てた。そういう経緯があるわけです。でも、日本の場合は、ただ「客観的」という言葉だけが持ち込まれた。

井村 そうそう。思考方式というか、その部分だけがね。

吉永 ということは逆に、「客観的」という言葉がぼくらの中から発生しなかったから、それに対する深刻な疑問もぼくらの中からは多分発生してこないでしょうと。

井村　そこのとこはぼくら自身が考えなくてはいけないけど……ぼくらは主観で生きてるんですよ、たいてい（笑）。だから、ぼくはいつも奇妙な感じがしちゃうけど。

稲生　向こうのサイコップ派の批判にはイデオロギー闘争があるというけど、日本の場合にも広い意味でのイデオロギー闘争はあるわけです。それはどういうことかというと、客観・主観の問題だと思うんです。要するに、客観的真理があると信ずる人が一方にいて、そういう人はオカルトを批判するわけですね――「真理に反するものは、あるわけないんだ」と。ぼくなんか個人的には、井村さんが今おっしゃったように、「そんな客観的真理なんかあるのかな」と思っているから。そうなると、まずそこでつまずいちゃう。そんな大胆なこと言える心臓がうらやましい、というところがあるんですよね。

井村　たしかにすごい心臓だと思う。

稲生　そういう意味では、イデオロギーというか世界観での衝突がオカルト批判という場で起きている。

井村　別の角度からアプローチしたら、いわゆる相対主義の問題も絡んでくると思うんです。西洋は相対主義が非常に蔓延してるという印象がぼくにはあります。

稲生　そうですね。一部では行き過ぎなくらい。残念ながら日本の科学界は、そうではないらしいんですが。

井村　この間NHKの番組で、日本の技術立国が二一世紀には危ないと言っていたけど、そこのところを間違ったら危ないとぼくは思うよ。絶対危ない。そこの根本をはずしちゃうと。むしろ日本は、相対主義の本場であるべきだとぼくは思ってる。西洋に対抗できるだけの技術力なり何なり、いろんな意味の知の層ももってるわけだから、むしろ相対主義に立ってもいいんじゃないかと。そしたら何かを生み出せるような気がする。それはいろんな局面で出てくるよね。

ただ、たとえば医学の世界だったら、漢方と近代医学みたいなものがかろうじて並立していて、しかも漢方薬が保険で出るという意味では一つの勝利は得ているんだけれども、どうも相対主義的な立場に立った漢方薬の研究というのはみられないから、やっぱり限界が出てきてる。そういう相対主義というか異文化に対する尊敬の念――ちょっと西洋人は行き過ぎなくらいですよね。

稲生　そうですね。ともかく、かなりの程度の客観的真実が存在する、ぐらいのところで止めてほしいな、ぼくとしては。もちろん、かなりの程度は存在するんですから。

井村　ぼくたちの存在は民族の歴史などをひきずっていて無色透明じゃないし、西洋人と同じ精神基盤はもてないんだから、日本人であるという主観をしっかりもって客観的なものを求めるべきだし、そこからいろんな学問上のアイデアが、物理学でも何でも出てくると思うんだよ。湯川秀樹さんとか福井謙一さんとか、そういう立派な人たちが、日本人であるという立場から当然もっている東洋のアイデア群からヒントを得ている可能性も、ぼくは大きいと思う。それだったら、いわゆる西洋人の「客観的な真理は絶対であり存在する」という考え方を一応、留保して、自分の足元を見ていくべきじゃないかな。そこから無限のアイデアが出てくるし、そのアイデアを技術に託していけば、二一世紀、日本はまた盛り上がるとぼくは思うけどね。それでないと、ちょっと危ない。

東洋のアイデアって言えば、僕の知り合いの英語学者は、英文の構造を分析する際に「陰」と「陽」の理論をもちいて、コンピュータ分析して、学会で発表したんだけど、アメリカからの留学者にひどく受けたんだって。こんな手法は、あらゆる学問分野に応用できるし、行き詰まった学説や理論を切り開くメス、概念として用いることができると思うよ。

＊ 客観的〝事実〟は存在する。しかし科学的〝真理〟については、ポストモダン以降のオリエンタリズムから相対主義への移行に呼応して、今後、隔絶した「いくつかの真理のシステム」の時代に進まざるを得ないだろう（井村）。

稲　生　やっぱり、明治以降の近代化の代償をまだ払い終えていないってことなんでしょうね。

井　村　それが端的に言えるのは、明治三〇年ごろから起こってきた迷信批判です。その立役者だったのが、井上圓了《えんりょう》[30]と森田式療法の森田正馬《まさたけ》[31]、そして精神科学者になった中村古峡《こきょう》[32]。この三者によって強力に推進された流れの中で正面衝突したのが福来《ふくらい》事件[33]なんだよね。福来友吉《ともきち》は、迷信の領域に突っ込んだということで排除されてしまった。それ以降、何だかちょっとオカルト分野に関して変てこな空気が学界にあるわけだけど、その迷信批判みたいな形がここでまた再燃しているという感じがぼくにはあります。

稲　生　人間の心を扱う領域という点が象徴的ですね。そこでこそ、衝突が起きた――そこが衝突の現場だった。

吉　永　福来の場合は心理学なんですよね。それでいちゃもんをつけてきたのが理学者です。

井　村　福来事件の当時の記録をいろいろ調べてみると、当時でいう理学――今でいう物理学で工学も含んでいますが――と心理学の対決という図式が基本に出てくる。

吉　永　そして理系の方が勝利を収めた。すでに当時から物理学優位と、それははっきり決まっている。

稲　生　だって、心理学や精神医学は心と肉体、精神と物質が交錯する生々しい現場としていろんなことが起きるわけでしょう。一方では中村古峡みたいに、そんなことは迷信だと言う人も出てくるし、他方で、福来みたいに、やっぱり現実にあるんじゃないかと考える人も出てくるわけです。ところが、理学というのは、そういう意味での現場を抱え込んでいませんからね。

吉　永　明治末までには、物理学の方が優位である、学問の女王であるという、西洋から輸入した形がすでに日本でも根づいていた。でも、おもしろいことに、ハーヴァード大学でそのころウィリアム・ジェイムズ[34]が同じような心霊研究をやっていて、別におとがめがなかったわけです。もちろんハーヴァードの花形教授だったということもありますが。

井　村　そうそう。これも日本だけの現象というか。

吉　永　ほかでもツェルナー[35]とか、大学の教授でやってた人が何人もいますよね。

稲　生　当時の人の受けとめ方というのはどうなんでしょう。ジェイムズなんか、学者としてすごく評価が高かったわけでしょう？

福来友吉

吉　永　ヨーロッパには学者、文化人で心霊研究にも理解のある友人がいたようですが、どうもアメリカでは同僚の学者からあまり暖かい目で見られていたわけではないようです。ジェイムズはアメリカ心霊研究協会を組織していたのですが（一八八五年）、十分な支持が得られなくて数年後には潰れています。[36] 極端なのは、ジェイムズの後を継いでハーヴァードの心理学教授になったミュンスターベルク[37]というドイツ人の心理学者です。当時、物質の現象と心の現象の間には相互に作用しあう関係はなくて、たんに並行関係しかない、という哲学的な説があったのです。まあ、こう考えれば客観的な心理学が構成できますから。このミュンスターベルクも、そうした物心二元論者で、その前提にたって最初から心霊研究を否定しています。もっとも彼の次にハーヴァードの教授になったのが、ウィリアム・マクドゥーガル[38]で、彼は逆に心身の間には相関関係があると主張していて、熱心な［心霊現象］研究家だった。

稲　生　そういうところは西欧のほうが寛容ですよね。日本に較べて。あっちはやっぱり科学の本家だから、その分余裕がある。一方、日本なんか科学では分家だから、そういうものは許せない、許したら本家に対して申し訳が立たないと（笑）。

アノマリーな現象への冒険的アプローチ――オカルトと科学的実験

井　村　ぼくが最近注目している海外の雑誌に『ジャーナル・オブ・サイエンティフィック・エクスプロレーション』[39]、日本語にすると「科学的探検雑誌」ですか、そういうのがある。スタンフォード大学に科学的探検あるいは探求協会という組織があって、そこが出している研究誌なんですけど、内容がむちゃくちゃおもろい。日本では考えられないような内容ですね。

まず学問の壁がない。物理学者や心理学者、宗教学者など、いろんな分野の学者が集まって、この鼎談のキーワードになるようなアノマリー（anomaly）な現象を研究していこうという研究誌なんですよ。たとえば去年の秋、一九九三年の七巻三号では、一番目にＮＤＥ（near death experience 臨死体験）の概観をドイツの研究者がやっている。その次に、一九五二年五月一八日にフロリダに出現したＵＦＯの分析と討論というのをアメリカ人がやっている。それから、ランダム・イベント・ジェネレーター、つまりランダムなデータをつくり出して、それを念力的な意識が関与して動かせるかどうかというのを、プリンストン大学のドビンス[40]という研究者がやっている。あるいは、占星術の研究を……。

吉　永　ゴークラン[41]の研究ですか。

井　村　ええ。スポーツでチャンピオンシップを取った人は特定の星に生まれているというデータをどう受けとめるかという論争が続いていたり。それから「インヴァイテッド・エッセー」、特別寄稿ですか、招待エッセーですか、これで、ウィリアム・ティラー[42]が、いわゆるサトル・エナジーについてという――日本で言ったら「気」ですね、かんたんに言えば――エッセーを書いている。そういう状態なんですね。物理学だけ、あるいは心理学だけに限らず、民間のＵＦＯ現象とか星占いとか、そういうアノマリーな現象を科学的手法で追及するという学会誌で、非常におもしろい。ところで、この「アノマリー」という言葉は、目新しい言葉だと思うんですが、ちょっと解説をお願いします。

稲　生　「アノマリー」、形容詞だと「アノマラス」になりますが、「アブノーマル」とは同じじゃない。「アブノーマル」というのは、明らかに「異常」「規範の対極」「変態」「病的」という価値判断が含まれています。ところが、「アノマラス」とか「アノマリー」というのは、

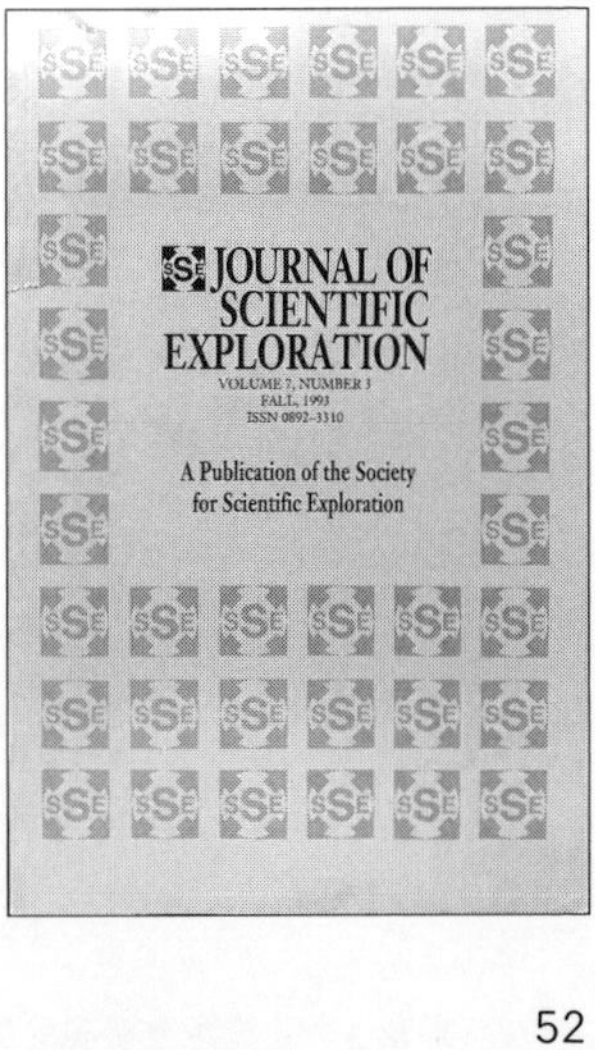

『ジャーナル・オブ・サイエンティフィック・エクスプロレーション』7巻3号（1993年）

基本的に一定のパターンを示す現象群があるとすると、その中に全体の集団の一般的なパターンから逸脱する現象があったとき、それを「アノマラス」と呼ぶんです。そういう意味でだったら「異常」と言えないこともないけれど、言葉としては非常にニュートラルな言葉だと思います。

井村　言葉としてニュートラルということは重要ですね。

吉永　いろんな世界を理解する枠組みがあるとして、ちょっとはずれちゃった、ぽろっと落ちちゃったというようなイメージがあるんですね。

稲生　ただ、「アノマリー」という概念には、理解不能という前提はないでしょう。変だけど、考えればわかるんじゃないかみたいな感じ。突き詰めていけば、きっと既知の範囲内でわかるんじゃないかみたいなニュアンスもあると思いますが。

井村　オカルトに付帯して振り出されてくる、いろんな人間に起因する社会現象、あるいは人間の能力の中で、先ほど紹介したＮＤＥにしろ星占いにしろＵＦＯにしろ、こんなのは日本のオカルト批判の側から言えば「どうでもいい」っていう感じなんだろうけど、それを寄ってたかって各国の学者が研究しているんだよね。

ここに掲載されている「巨大な火の玉が発する神秘的な根拠の解釈における進歩」という論文なんか、ＣＭに出ているあの有名な某大学の先生[43]に読んでいただきたいですね

（笑）。もしお読みじゃなかったら何か得ることがあるんじゃないかしら。

稲生　お話をお聞きすると、西欧精神はほんとうにしつこい、しぶといのがわかりますね。要するに、一九世紀にサイキカル・リサーチ（心霊研究）が起きてからその後、パラサイコロジー（超心理学）を経て、叩かれつつもいまだに大学で研究しているわけですね。占星術の問題なんかでも、それはたぶん物理学者のパウリとの共著でユングが行なった占星術の分析に始まってる。[44]あれがまず前提にあって、それからゴークランの有名な研究があって、肯定、否定と……。両方とも執拗です。

吉永　その後、アイゼンク[45]も出したしね。日本だったら、『オカルト徹底批判』〔呉智英監修、朝日ワンテーママガジン、朝日新聞社、一九九四年〕が出て、〔この鼎談が掲載される〕『オカルトがなぜ悪い！』〔別冊歴史読本、新人物往来社、一九九四年〕というのが出て、ふつうの人はそれで終わりだろうと思うけれども、欧米はそうじゃないんですよ（笑）。

井村　このしつこさこそが科学精神なんです。そうまず考えるべきだし、このしつこさを日本の科学者もどんどんやってほしいですね。アノマリーな現象に対して、ふつうだったら相手にしないようなことでも、寄ってたかってやっていくというこのしつこさだよね。それも内容は、要するに日本でいうオカルトですから。

もう一つ紹介したいのはカナダのヨーク大学の物理学・天文学分野の人が書いてる、一種の念力実験。日本でいう念力だと物を曲げたり動かしたりが多くて、手で曲げたとか、振動に違いないとか、すぐそういう論になっちゃうんですが、これは量子レベルの研究で、ビーム状に放った光の、ある面上における光子の分布に対して人の意識は関与できるかどうか。ぼくは専門家じゃないんでうまく説明できませんが、光の回析効果を利用した念力実験のようです。考えてみれば、物が動くということは、要するに分子レベルの出来事でもあるし、原子レベル、量子レベルの出来事でもあるわけだから、その小さい、非常に微細なかすかな動きみたいなものが量子レベルで起きてても、念力には間違いない。これを大学でやっているというのがなかなかおもしろいです。日本でもこういう実験をどんどんやってほしい。

吉永　そういった実験デザインがどんどん出てくるというのは、やっぱりおもしろい。

井村　ええ。その後、ランダムな分子とか原子レベルの動きに対して、人間の意識が影響を与えられるかという実験の一つの総括が、一九八九年、ラディン[46]とネルソン[47]によって述べられているんですが、「ある環境のもとで人の意識がランダムな物理システムに相互作用を及ぼすという結論を避けて通るのは難しい」と。この結論だけを今現在受けとめれば、人の意識というものは物体に影響を与えるということとつながってくるんですが……。そういう実験アイデアが次々と出て、今も行なわれているという点がすごいですよね。

稲　生　うーん。

井　村　ライン派[48]の超心理学、あの方法論というのはちょっと下火なんですけど。どうして下火かというと、ライン派の方法はたしかに有用ではあるが、その限界もみえてきたということですね。それともう一つ、いわゆる客観的っていうことの壁。日常の中で起こっているサイ現象とか超常現象というのはけっこう、主観的なものを多く含んでいるし、とても客観的に観察できない場合も多いわけだけど、それを実験室の中で無理やり生じさせちゃうと、やっぱり無理がある。一つの限界が出たということでしょうか。それで、ぼくもライン派というのはもうピークを過ぎたと思っていたんです。ところが、ライン派の統計学を用いるという方法は、現代の理論物理学あるいは実験物理学とドッキングして、こういう実験が相変わらずなされている。これはやっぱりすごいなと思います。

　こういった実験に対して、「サイ能力の存在を考えに入れたような実験をしていたら、科学の体系が崩れる」とかよく批判されますね。ぼくは、別に崩れてもいいんじゃないかと思うんですが。本当のことがわかればいいんだから。

稲　生　信仰に近いものがありますね。

吉　永　そうですね。サイコップの場合は、崩れたらいけないというのはわかりますよ。無神論のイデオロギーがありますからね。ただ、日本人の場合、別に無神論のイデオロギーがそんなにはっきり確立していないし、何なんでしょうねえ。ただ科学という方法、精神がよくわからないから、あまり壊したらいけないというイメージでしょうか。

稲生　でも、直感的に不愉快だというのはあると思います。それは何かもう理性を飛び越えた判断の世界であって、実際にそれがオカルトのもつ大きな側面なんですね。一部の人々にとって、基本的に、無意識的に、嫌悪感を呼び起こすみたいなところがあると思う。

井村　うーん。

吉永　まあね。たぶん、ヒツジとヤギの実験[49]みたいに、もう根本的にこういうのが許容できる人と許容できない人というのはあるのかもしれない。

井村　日本でいう疑似科学とかいうのは、ちょっと偏見に満ちた言い方なんですが、向こうではそれをアノマリーという言葉で呼んだり、それから科学的探検という言葉もロマンがあっていいですよねえ。いろいろやってみて、それで一つの結論が出て、本流科学に何かヒビが入るのだったら、そこで新たな理論を立てればいいのではないかという、そういうおおらかさ、大きな科学精神というものが根底にあるのではないでしょうか。

ESPカードで実験をするライン（右）

稲　生　ええ。

井　村　ところで、「疑似」というのは英語ではどういう言葉なんですか。「パラ」の直訳かしら。

稲　生　いや、シュードサイエンス（pseudoscience）という言葉です。だから、科学の装いをまとった、ガードナーが好きな……。

吉　永　そうそう。

稲　生　にせの、偽りのという語（pseudo）が冠せられているので……。

井　村　なるほど。

稲　生　ライン派が盛んなころに統計学で処理しましたよね。あれに関して有名な挿話があったでしょう――某科学者がその統計を眺めたら、統計としては有意だ。だからＥＳＰの存在を強く示唆する統計データなんです。そこまではいいんだけれど、その学者の発したコメントというのは、ひょっとしたら統計学そのものが間違ってるんじゃないかと。

井　村　ええ。

稲　生　是非はともかく、その気持ちはわかる気がします。その学者はそういう結論が出てくるくらいだったら、統計学自体を根本的に検討し直したほうがいいんじゃないかという……。

吉永　そう言えばよく、「オカルトを信じますか」とかいう質問をするでしょ？　だいたい六割前後くらいは「超能力はあると思います」と出るんですよね。みんな、その六割に驚くんだけど、四割は否定する人がいるんです。ということは、やっぱりオカルト的世界観を根本的に受容できない人が半分くらいいるんじゃないかという気がしますね。

稲生　うん、それはいるでしょう。

吉永　たしかジェイムズの結論もやっぱりそうですね。最後は根本的に世界観が違う人がいるんだなという……。

井村　だから、一つの立場に立った人からみれば、あくまで変にしか思えない。あるいは違和感しか覚えないんでしょうけど。結局それが事実みたいです。

稲生　ただ、さっきもちょっと出ましたけれど、そこで根底に嫌悪もあれば恐怖もあれば、同時に無意識的な魅惑とかもあると思いますね。嫌いっていう場合にも。

人はなぜ迷信に陥るか――オカルトへの嫌悪、恐怖、魅惑

井村　日本における迷信撲滅運動の旗手であった中村古峡は、人はなんでそんな迷信に

陥っていくかというのを四つに分けています。それで、その迷信に陥る第一の原因は「生命の不安」だというわけです。
その次には「神秘への憧憬」。三番目が「心理現象の無知識」。四番目が「好奇心」。なかなか中村古峡、たいしたもんだと思います。

稲生 そうですね。

井村 今とまるっきり、これ、一緒ですね。

稲生 怖いくらい、ほとんどぼくに当てはまります（笑）。

井村 だから稲生さんはその分野の小説を書いたり。……抜けられない（笑）。

稲生 それはそうですね。でも、それはほんとにそのまま裏返してもいいわけで。実際そうなんだと思います。だから、結局そこで分かれちゃうんですよね。

井村 そうそう。

稲生 生命に対する不安——不安とまで言ったら言い過ぎかもしれませんけれども、やっぱり自分の生きている人生とはいったい何なのかという、そういう疑問みたいなものをもっていたり……。もうほんとに——迷信へはこうしてはまっていく（笑）。

吉永 でも、その好奇心から、たとえば新しい発見ができるわけで……。

稲生 好奇心っていうのもわかりますね。オカルト商法なんかも、この好奇心というのを巧みに利用している。

吉　永　そうですね。UFOと超心理とか、この業界はいろんなものがくっついちゃうんですが、それはやっぱりやっている人間に好奇心があるから、どんどんくっついていくんですかね。

稲　生　そう思います。古峡はほんと、鋭い。

井　村　この中村古峡の『迷信に陥るまで』〔大東出版社、一九三六年〕――何か戦前の本はタイトルがどぎついですね、ほんとに（笑）。むちゃくちゃな内容。もう禁句集みたいなもので、恐ろしいんだけど。この中で、ぼくがおもしろいなと思ったのは、彼がテレパシーを認めているっていうこと。これ、すごいでしょう？

この本の一〇九頁なんですが、「是等の心霊現象に対しては、此処に多くを説明するの煩《はん》を避けるが、兎に角、第一の精神感応現象は」、テレパシーのことだね、「今日まで自然的に起つた立派な実例も数多くあるし、また実験的にも其の可能なることが屢々《しばしば》証明されてゐるので、其の理由はまだ今日の心理学の法則では充分に説明することは出来ないが、此の現象の存在だけは承認せずにはゐられないことになつてゐ

中村古峡

る」と書いてある。だから、認めているんですよ、テレパシーの存在だけは。
　そのほかの、物が動くとか念力動は存在しないと言ってるんですけどね。それから降霊現象なんかも人格転換だって言ってる。でも、テレパシーは認めていて、それでなおかつ迷信撲滅運動……ぼくは、これは本物だという気がするんです。何もかも否定して、みんな迷信の中へほうり込むっていうのは一番ひどいじゃないですか？　中村古峡は西洋の心霊研究の本を訳している。有名な、その当時の心霊研究の学術書[50]を。それで、なかなか翻訳もうまいんですよ。ただ、ちょっと大本《おおもと》教の弾圧に力を貸したとか、宗教に対するよくない印象をもったことは困るんだけど、正直なところのあった人だと思います、彼は。

稲　生　中村古峡の場合、彼の迷信批判というのは悪質なオカルト商法と深い関係があると思う。当時は、そういうものの悲惨な犠牲者が多かったから、彼が言ういわゆる無知な人を啓蒙して、ひどい目に遭わないようにする——こういった使命感がとても強かった。

井　村　ええ。

稲　生　だから同じ迷信批判でも、たとえばテレビに出てくる霊媒の方をたんに非科学的だと批判するのとは、ちょっと違う。苦しい人の生を救うみたいな。

吉　永　そうですね。戦前の宗教弾圧というと何か全部権力が演出したような印象がありますが、実際はそうじゃなくて、［宗教の側に］むちゃくちゃなものもあったわけです。もちろん権力側はそうした宗教スキャンダルを政治的に利用して宗教弾圧にもっていったわけですが。

井　村　たしかに、あの当時、昭和元年から終戦直前までですけども、それこそ人の無知につけ込んで法外な値段でどうでもいいようなものを売りつけたり、あるいは御神水がすごく流行してね。その御神水がきっかけとなって伝染病が発生して大事件になったり。もうわけがわからないようなひどい状況だったですから。そういう意味のオカルト商法批判というか、こういう形のことは今後大いになされるべきだとぼくは思いますけどね。

稲　生　ただ、オカルト商法批判から先が、またややこしくなる。中村古峡が「邪教」と呼んで弾劾する対象のあたりから、結局またごっちゃになる。これが問題なんですよね。

井　村　そうなんです。

稲　生　ここがいつもややこしいところです。実際に悪質なオカルト商法はあるわけで、そういうものは厳しく批判すべきだけども、そこから先ですよね、問題は。

井　村　その当時の迷信関係の本を読んでいると、やたらと「邪」がつくんです。「邪療」とか。こういう邪療は断固として取り締まるべきであるとか言って、なんでも邪教、邪療ということになってくる。「邪」の中でも、ほんとに人に迷惑をかける部分は、大いに批判しなくてはいけないし、あたり前のことですよね、そんなことは。

吉　永　ええ。逆に、西洋医学をやっている医者がすべて立派で正しいわけではないのと同じことでしょう。

井　村　それでも、今もよく引っかかりますものね。オカルト商法には。オカルトって、現象だけ取り上げたら本物は少ないと思います。ぼくも三〇年、四〇年やってきて、いろんな能力者という人に会ってきたけれども、思い込みがすごく多いから。

だからまずぼくがいつも言うのは、値段が高いか安いか。これは判断の基準になります。ほんとに、「オカルトと呼ばれようが何しようが、自分はある信念をもって人を助ける」というのだったら、タダでもいいんじゃないかと思うんです。あるいは少し喜捨《きしゃ》をもらうとか、そのレベルのものであれば、ある程度信用するのは人の自由だと思います。でも、このごろは高くしないと人が来ないという……とんでもないことになってる。ぼくも異常だと思いますよ。

ほんとに信念をもって広めたいんであれば、無料でもいい話ですから。でも、やっぱり生活があるから、みたいなね。そこらへんで、判断の基準として、変に高いものは注意してほしい。

それと、もう一つはその人の暮らしですよね。やっぱりそんな大真理を伝えたいという人が、庶民とあまりかけ離れた暮らしをしていたら、おやっと思っていただきたい。それから人間性。これはなかなか見抜くのが難しいけど……やっぱりお金ですか。暮らしとか、お金とか、料金とか、そのあたりが適正であれば、カウンセリング効果っていうのはずいぶんあるんでしょう。「新宿の母」[51]じゃないけど、ほんとに親身になって聞いてくれたり、適切に指針を与えるっていう人たちに対して、そういう行ないをしていない人が批判することは、ぼくは難しいと思いますよ。心理療法なんかでもけっこう、高い料金を取っているところがありますからね。それだったら「新宿の母」の方がいいかもしれません（笑）。要するに、毒があるかないかなんです。

稲生　オカルト商法の場合でも、熱狂っていうことがまたかかわってきますけど、そのへんが厄介。

井村　そう。たとえばいわゆる宜保愛子現象といった場合に、つまりブームになっているということです。それで、そのブームというのは値段を忘れさせる。

稲生　そうですね。

井村　そうすると、「お金の問題ではない」というふうにパーンと飛んじゃうところがある。

稲生　それで呼び込んでいるというのは結局、行く人の側にそういった意識があるからです。

井村　そうそう。行く人にあるわけ。
稲生　だから、それをたんに「迷信だ」と言っても何にもならないところがある。
井村　「そこが人間なんだ」と言わざるを得ないですよね、歴史をこういうふうに概観してみたら。
稲生　日本には大昔から流行神《はやりがみ》というのがあって、わけのわからないものが出てくると、うわーっと人が集まって……。そのたびに大騒ぎになっているわけ。
井村　そのたびに大騒ぎになるっていうのは、このオカルト・ブームの特徴ですよね。すごい熱狂を呼び起こすから。でも、もうそろそろネタ切れじゃないですか？
吉永　どうでしょうねえ。でも、たいていみんなが忘れたころに、また出てきます。世代が変われば同じネタでいけるわけです。人間の求めるものがそう変わるわけじゃありませんから。
井村　だから、そこにあるものは、言葉で言ったらオカルト衝動というか……。
稲生　中村古峡の「迷信に陥る四つの理由」ですね。やっぱり、言えてるなあ。

メディア徹底批判!?――社会現象としてのオカルト

井　村　それと、現代のいわゆるオカルト社会現象に関して言っておきたいのは、やっぱりメディアの問題でしょうねえ。

稲　生　それは大きい。

井　村　『オカルト徹底批判』に書いてあるのは、おもにテレビ批判みたいなんですね。たしかにそういう面はある。ぼくなんかけっこうテレビの取材をされるんだけど、テレビ向きの顔じゃないとか(笑)、そんなんで没にされたりして……。もう、大笑いの世界ですよ。だからぼくはそう被害はないんだけど、それでもあるテレビ局の取材で――いつもパターンは一緒ですが――「先生、今回は科学的に解明したいですから、科学的な面からの協力をお願いします」って、しつこく何十回でも言ってくるんです。それで、ついほださ れるでしょう? 「それなら、これを機会にちょっと実験でもやってみようか」と思ってやると、後がいつも大問題になるんだよね。

これはオカルトにからみつく、いわゆる超能力とかそういう問題に関してなんですが、再現性の問題というのがある。同じことはそう何回も起こらないんですよ。だから、それで証明に苦労するんですが……。あるテレビ番組で実験をやって、ぼくらからみたら、ライン派心理学の基準からいってすごいデータが出たんです。

素人の被験者を二〇〇人も使わせてもらってね。これはすごいデータだって喜んだわけ。ところが局から電話がかかってきて、「あのデータはおもしろくないから、もっとおもしろく変えてもらえませんか」って、平然と言ってくるんだ。平然と（笑）。

吉　永　つまり、絵にならないっていうことですね。

井　村　「おもしろくない」って。それで、ぼくのスタッフが「それやったら一切降りるから」って言ってバーンとやると、今度は何日かして「いやもう、あのままでけっこうですから何とかひとつ」ということになるんですよ。それで放映されたのを見ると、そのほかの部分がほとんどで、ぼくらのやった「世界に誇る大実験」というのは一時間半のうちのたった二、三分で終わっちゃう。あれは何だったのっていう感じなんですよ。

一つは親局とプロダクションの問題で、プロダクションの立場が弱いから、親局のプロデューサーの「これは絵にならないよ」の一言でやり直しを命じられる。それで、絵になるようにするには操作が必要になるわけです。だから操作が公然とまかりとおってしまう。それに対して学者なんかが「あれは操作しているじゃないか」と言ってくる。もう、ほんとテレビを巡るものって、すごく罪が重いと思いますよ。

稲生　うーん。

井村　また、視聴者はそれを見て信じ込んじゃったり。早い話が「気ブーム」のときがそうでした。視聴者はさんざん気の奇跡を見せられてね。このごろは必ず批判つきでやっていますが（笑）。クェスチョンマークを必ず三つつけるとか。

吉永　たんに流行なんですよ。クェスチョンマークも含めて。

井村　そう。だからやっぱりテレビに真実を期待する方が無理なんじゃないかしら。いざとなったら「エンターテインメントだから」と言い出してくる始末ですから。

稲生　開き直るわけですね。

井村　また、逆に「これは公共の番組だから」と言ってみたり。現代のモンスター、ナンバーワンは、オカルトをどうにでもできる力をもっているテレビじゃないかしら。

吉永　海外で時々そのての番組を見ると、まだ少しはトーンが落ち着いています。肯定するにしても否定するにしても。

稲生　ええ。けっこう番組はあるけれど、基本的に地味だよね。日本のはまあ、騒々しいから。

吉永　何ていうか、海外のは説得力っていうか、考えさせられる部分とかがあります。

井　村　海外のケーブルテレビなんかによく出てくるのは、心霊治療をやる牧師さん。

吉　永　ええ。

井　村　それもすごいのは、大会場の多数の人の中で牧師が目をつぶって、相手に手を当て、「あなたはコロラドから来ましたね。あなたの前に木がありますね。わかった、あなたの名前はメリーさんでしょう」とかやるんです。仰天しますよ。そこで「神の御名において」と、バーッとやるわけ。そういう番組が非常に多くて、それに対する暴露番組というのも、また放映されてる。もちろん探偵を使って調査して、いろんな傍証を固めたうえで、キャスターがその牧師と対決するわけ。「あなたはこれについての批判はどう思うか」とか、いろいろぶつけていく。そうすると、牧師さんがこわばった顔で「いや、申しわけない部分もあったと思う。今後はそういうことのないように神の道を伝えたいと思う」なんて謝っているシーンがばっちり映る。そういう番組もあります。

いわゆるコマーシャリズムで商売になっている部分と、それからドキュメント的に真実に迫る部分と、やっぱりバランスがありますよ。

吉　永　じゃあ、海外では日本のテレビのいわゆるオカルトとか宜保愛子さんの部分を、そのプリーチャーというのかな、キリスト教の説教師が担っているっていう図式なんですか。

井　村　ええ、そうですね。プリーチャーだけじゃないですけど。もちろんサイキックやチャネラーとかもいわゆる霊能者と呼ばれている人は山ほどいます。アメリカでも最近はこういうオカルト系——星占いは非常に多いけど——超能力に関する番組ってすごく減ったみたいです。超能力批判とか、そんなのウソだマコトだとやられてもしようがないくらい、能力者が少なくなったみたいです。今はそういう時代なんでしょうか。何かこう、リッチになるとそういうものが出てこなくなる、みたいなね。やっぱりハングリーでないと、みたいなところがあるのかもしれません。

第3部　批判するより勉強せよ

封印できない二つの衝動――セックスとオカルト

稲　生　オカルト商法の批判とオカルトの批判はごっちゃにしないでほしいと思います。科学だって悪用したら、もちろん批判されるわけです。だからといって科学が悪いということにはならない。オカルトも一緒で、当然オカルトっていうのは悪用されますし、されているんですけどね。だからといってオカルトが悪いっていう論法は根本的に間違っているんじゃないかと。ただし、オカルトは世間的に立場が弱いから（笑）。科学の方が圧倒的に強い。

井　村　肯定派っていうのはいつも弱いんですよ、この世界では。否定派が絶対表面的な勝利を得るのは確実なんです。ぼくなども否定派にまわってたら、第二の上岡龍太郎[52]になれたのにね。つまり、それを支えているシステムとか現象の再現性とかいう点において、かなり弱点があるんですよ。それも主観的な立場とかプライベートな場においては、わりとスムーズに出てきても、引きずり出すとだめなんです。だからこそオカルトだって言いたいわけですが。

　隠れているものをあたかも裁判するかのように引きずり出してくると、それは萎縮しちゃって……。

稲　生　いや、萎縮もあるでしょうが、オカルトがバーンと表に出てくるというのは、それはもうオカルトじゃないわけですから、その段階で。

井　村　そうそう。表へ出てくることによって、隠されているべきものとしてのオカルトはオカルトでなくなるという形で、オカルトの本質が見えてるんですよね。

稲　生　これは一見、根拠薄弱な弁護みたいに聞こえるかもしれませんけど、やっぱりそれが本質だと思います。オカルトは隠されているものなんで……。

井　村　本来、隠されている。その意味どおりなんですよね。だから、オカルトに含まれている人間の隠れた能力、つまり超常能力みたいなものも、科学の前に引きずり出してくると、ライン派のカードめくりなんか、一万回に一回か、一億回に一回の確率で起こるということになるけど、はてなと思っちゃう。ピンとこないんですよ。それでも、初期ライン派の研究をぼくがやっていたころはすごくリアリティーがありました。この現象が一億回に一回起こったら、もう天にも昇る勢いでその実験を評価したものだけれど、振り返ってみたら、一億回とか一万回というよりも、夢の中で見たことが現実に起こったということの方がよっぽど重要に思えるでしょう？　だから、現実のそういう超常能力の現象と実験上のものとは違うものじゃないかという気すらしてくる。全然クオリティーが違うんじゃないかと。それで統計のマジックだとか、統計学そのものが間違っているなんて、極論、暴論が出てくるわけであって、どうも違うような……。そこにライン派の苦しいところがあると思います。

だから、形を変えて、アノマリーという形でとらえていくのが今に合っているんじゃないかな。その方向のジャーナルが出たり、科学者がその方向に結集し始めたというのは、ぼくはおもしろい現象だと思います。やっぱり時代を吸収しているなという感じですね。それともう一つ。近代以降、とくにそうなんだけど、それ以前でもやっぱり人間の活動の中で不当に扱われてきたもののナンバーワンとナンバーツーは、セックスとオカルトだと思うんです。それはすごく思いますね。つまり、セックスも一つの衝動が根底にあるし、オカルトもやはりオカルト衝動的な、まあ中村古峡的に言うと好奇心とか神秘への憧憬みたいな（笑）。この熱狂したいという願望でくると、その二つの不当に扱われたものがくくれると思うんです。

根っこが一緒だから、そこでたとえば性とオカルトが一致したかのようなタントリズム[53]が出てきたりね。性を通した悟りへの段階みたいなものが出てくるということです。この二つに共通するのは、絶対、封印できないということ。「きょうから性を断て」と言われたって困りますし、またオカルトが好きな人にオカルト封印というのはなかなか難しいでしょう。そうかといって、それがあんまり表の世界にバンバン出てきちゃうと、ちょっと変てこなことになってくるんですよ。

たとえば、今、ブルセラ唾液っていうのが流行っているらしい。女子高校生の唾液。あれを売ってるんですよ。

吉永　気色悪い。

井村　それをビンに詰めて、一本一〇〇〇円くらいらしいけど。

稲生　よく売りますよね。

井村　それがよく売れるんだそうです。それで、その唾液の使い道は自由なんですよ。でも、ちょっと性との関連という形で考えても、こういう形で表へ出てくると、変てこだなっていう感じでしょう。つまり、ちょっと異様性を増してくる。だから、そういう意味でも、現象ばっかり追求するんじゃなくて、もっと根っこにある衝動というか、そういう部分を正当に評価して、そこからいろいろな研究なりアプローチなりを加えていくべきではないか。そうしない限りは、人間そのもの、私自身を理解することができないのではないかと、非常に突き詰めて考えている今日このごろです（笑）。

稲生　ただ、同時にパンドラの箱っていう気もしますけどね、どっちも。

吉永　いや、だから逆に言えば、完全に否定するのもやっぱりスコプツィ派[54]――去勢派みたいに男性器を切り落とすという異常な宗教もあったわけでしょう？　ああいうような雰囲気がしてくるなという気はしますよね。

稲生　ただ、ぼくは思うんだけど、同時にその性の問題はある意味で表へ出てきてる――というか、性の問題はわりと表面化しているんです。二〇世紀のように性が表立って、正面切って真剣に語られた時代というのは、おそらく人類史始まって以来じゃないかという気さえします。

井村　表へ出てくればわかるかっていうと、そうじゃない。現象としてね……。

稲生　ええ、もちろんそうじゃないです。ぼくが言いたいのは、井村さんと違う角度からなんですけれども、性は表へ出てきて語られることはあっても、オカルトはやっぱり本質的差別がもっときついような気がしますね。たとえば二一世紀になってオカルトが全面的に語られる時代が来るかといったら、そんなことはないような気がします。だから、さっきの中村古峡の分類でいくと、性の道に惹かれやすい人は、たぶん人間の九割ぐらいになるような気もするけれども、オカルトはやっぱり、さっきおっしゃいましたけど、半々ぐらいで分布すると思うんです。

井村　だけど、ぼくはやっぱり、表面に出すってことが正当に扱うということではないと思います。

稲生　ええ、それはもちろんそのとおりです。

井村　逆に、表面に出せば出すほど不透明になる部分もあるわけだから。そういう意味で、オカルトと性はいつも人間を悩ませている二つの衝動ではないかというふうに考えるんですよ。

　オカルトはもちろん、宗教そのものが性と結びついています。宗教が性を全肯定的に取り扱っても危ないし、禁圧的に取り扱っても危ないわけでしょう?

吉永　だから、適当な加減で扱うのが人間の知恵かもしれないですね。

井村　そうそう。適当な知恵でね。それは正しい。パンドラの箱ってさっき出たけど、パンドラの箱だからという形で満足できるタイプと、とことん行ってしまうタイプもあるということなんですよね。

吉　永　パンドラの箱というよりは、やっぱりあると思うんです、ちらっと見て「はい、もういいや」っていう適当なところが……。

井　村　いや、ほんと、個人的には適当なところがいいと思います。あんまり開けたら大変なことになるから。

吉　永　ええ。あちらの世界に行きっぱなしになってしまいますから。

井　村　オカルトでも、あんまり開け過ぎたら今日の鼎談なんてできないよ。むちゃくちゃになってますよ、きっと。

吉　永　戻ってこれません。

井　村　ただ、オカルト問題っていうのは、オカルトに許容的な人々は出口を見つけるのが非常に難しい、生と死に対する不安があるから、逆に言うとオカルトを抑圧し過ぎたらいかんという気がします。早い話が、オカルトを好きな人が死後というのを信じているんじゃない？　それは非常にめんどうくさい問題なんだよ。だから、物質の次元だけに限って人間を見ておいた方が楽……みたいな形が今の日本の知の現状じゃないですか。それを超えちゃうとやっぱり危ないというブレーキが無意識にかかっている部分があります。同じことは肯定派にも言えるんだけど、その方向に行っちゃうと、それなりに大変な犠牲を払って出口を見つけなくちゃいけませんから、苦しい方向かもしれませんよ。

解明されない意識と身体の関係——暗示とオカルト

吉　永　結局『オカルト徹底批判』なんかが出てくるのは、やっぱりMr.マリックさんの件が尾を引いているんですかねえ。マリックさんのころに何かオカルトと手品がごちゃごちゃになって。あんなものは、叩けばどんどんほこりが出る、全部手品で説明がつくということになって……。

井　村　マリックさんの［やっていること］が超能力か手品か見極めるのはかんたんなんだよ。彼が手品師であることを証明すれば、それで終わりなんだから。でも、おんなじ手法を使っても無理だよね。

でも、マリックさんの場合はマジシャンとしたら、やっぱすごい。存在そのものがマジシャンというかミスティックだもの。あの、常人とは思えない顔ね（笑）。もうあそこから始まっちゃうからすごいよ。いかにもシャーマニックでしょう？　いきなりテレビに腕まくりして出てきたから、種《タネ》も何もないと思っちゃう。そこらへんの暗示がすごいよ。オカルト批判の定石ですから、迷信と暗示は……。

稲生　迷信、暗示、それから「精神障害」かな。

吉永　でも暗示って、何の説明にもなっていないですよね。

井村　心理学的にみても医学的にみても、暗示っていうのは科学的現象としては、まだよくわからないのと違いますか？　そのわかっていないことを「これは超能力じゃなくて暗示の現象だ」と言ってしまうと、何かわかったような気にさせる。一種のマジックですよ、これ。

吉永　医学はほんとに唯名論ですから。名前が先行しますものね。

稲生　暗示と言ってもよくわからない。とくに身体的な現象に及んだ場合、結局、じゃあどこを通って精神レベルの暗示が物質レベルに波及したのか。

吉永　それで「暗示が効きましたね」で、もう終わってしまう。なんなんだっていうようなもんで……。

稲生　暗示で病気が治ったら大ごとだと思うんですけどね。

吉永　実際、プラシーボ効果はあるわけでしょう？　厳密にプラシーボ効果を排除してしまうと、薬効が消える薬も多いと聞きます。

稲生　だから、真剣に考えたら大ごとだと思うんです。暗示で治ってる例があるとしたらね。

吉永　でも、ほんとは考えなきゃいけないんだけど、暗示で「ま、いいか」と。

稲生　そう。これは暗示ですと。たまに起こりますと。

井村　そこらへんを正面切ってとらえたのがアンドルー・ワイルの『人はなぜ治るのか』［上野圭一訳、日本教文社、一九八四年］っていう本だよね。正面切ってとらえたのが、けっこうリアルだったんです。だから売れたわけだ。でも、ほんとはよくわかんないんですよ。

第2部で取り上げた『科学的探検のジャーナル』を見ていると、スタンフォード大学教授のティラーが「サトル・エナジーについて」という論文を書いてますが、この中に「サトル・エナジーの検出」というのがある。そこで方法として挙げてあるのが、まず、無意識的反応。サトル・レベルとフィジカル・レベルが一時的に結びついて現象が起こってくるというような——たとえば無意識的なダウザーの腕の動きとかね。ある実験では、地中に水を入れたコップか何かを埋めてあって、ダウザーの腕に筋電計——エレクトロミオグラフを付けてダウジングする。結果は、ダウザーの口から語られた判断よりも、腕につけたエレクトロミオグラフの反応の方

ダウジング・ロッドを使うダウザー（18世紀イギリス）

が正解なんですよ。

吉　永　ダウジング・ロッドを使うのは、その信号をキャッチするためなんですね。

井　村　つまり、サトル・レベルとフィジカル・レベルが無意識に相互作用を起こしているのが、筋の動きとして検出されるというんです。

そういう現象を挙げているのだけど、後はだんだんコケてしまって……（笑）。たとえば、ガラスの容器にいろんな薬を入れて、それを手で握らせ、あるいは胃の上へ置く。そうすると、体の筋の急所がその薬に応じて特有な反応を示す——そういう現象が無意識とサトル・エナジーとの交流だと。そして、それをさらに進めたものが「Ｏ-リングテスト」[55]であると言っているんです。

吉　永　物事には程度っていうものがあるような気がするんですが（笑）。

稲　生　でも、そういうことからいうと、意識と身体の関係っていうのは最終的に何もわかっていないんですね。

井　村　うーん。そのティラーが言うには、科学からみれば、人間の体、生体では、ファンクションと、ストラクチャーと、ケミストリーと、それからエレクトロ・エンド・マグネティック・フィールド（電磁場）というのが相互に関係し合っていると。これは図式的には非常にきれいですよね。

ところが、ティラーによると催眠現象――さっきの暗示の話なんですが、たとえば言葉とか動作が何か生理現象を引き起こしていくという催眠とか、各種のＰＫの実験、あるいはリモート・ビューイングにみられる遠隔的な透視、それから外気功なんかの現象から考えると、ファンクション、ストラクチャー、ケミストリーと、エレクトロ・エンド・マグネティック・フィールド、それにマインドとなるんだそうです。

稲　生　そのマインドがくせものですね。友達にニューロンを研究してる人がいて、彼の話では、結局最後はニューロンのところへ来るんですけど、ニューロンより手前はみんな「？」なんですよ。だから、わかるわけはないって。そういうことは、歳とって偉くなってから、エッセーで書くということだって。意識で思ったことが、どうしてニューロンを動かすのかというようなことは、結局わからない。皆、わかったような顔をして、意識と身体とか言ってるけど、よくわからない。

吉　永　そうそう。意識と身体はまったく別次元の存在だけどつながっているとデカルトが言い出してから、しばらく意識は肉体から独立した実体ということになっていたんですけど、結局意識というのが自然科学では研究できない。何しろ、目に見えませんから。そこで、意識も物質の産物ということで説明してしまえということになって唯物論が出てきて、さらにそれが見直されて、意識と身体の相関関係という言葉が出てきたわけです。これだけ二転三転してるのは、正解がまだ無いという証拠なのでしょう。要《かなめ》の部分ではきっとデカルトの頃からそう変わってないように思います。

稲　生　この間、アメリカからその友人の手紙がきたんですが、それによるとアメリカの学会では、今やもう、意識までも唯物論でやってしまおうというような気配が濃厚なんだって。

吉　永　それは一九世紀ぐらいからあった……。

稲　生　でもまたぶり返してきた。

吉　永　オカルトもぶり返しているわけ。唯物論も……。

井　村　オカルトのぶり返しと、意識というか暗示、そういうもののぶり返し。繰り返し巻き返し、やってくるね。

吉　永　それで、結局わからない。

井　村　ティラーなんかの立場だと、その意識、心というのが〝気〟とかに置き替えられるというふうになっちゃうわけだよね。

稲　生　なるほど。

井　村　それで物理学とも接点をもつという意識なんです。ティラーに言わせれば、意識とか心、あるいはサトル・エナジーみたいなものは、真空状態と関係があるって言うんだよ。

吉永　え？

井村　真空。

吉永　突然……どうしてですか。

井村　つまり、その真空というのは空気がないという真空じゃなくて、物事をおさめているという意味の真空状態なんだって。だから、要するにその奥に透けて見えるのは……。

吉永　それは東洋の無とか？

井村　真理なんですよ。虚無とか無とか……。ティラーの言いたいのはどうやらそのことなんだよ。

稲生　でも、同時にその意識はエナジーで、意識即エネルギーという発想なわけですね。

井村　そうです――「サトル・エナジー」。意識はエネルギーということです。

稲生　そのへん、やっぱり、非常に西洋的ですね。

井村　でも、現代超心理学の中では重要な一派だよ。

吉永　意識をエネルギーととらえたら、一応関連づけられる。

井村　うん。ニュー・サイエンスの本質といったら、ここらへんだよ。そちらの側に立っちゃったわけ。意識イコールエネルギーになるとね。

吉永　これは非科学的な感想なんですが、意識がエネルギーで、ニューロンをもし動かすんだったら、そのほかのものもちょっとぐらい動かしてもいいような気もするけど。

稲生　だから、ニューロンとの最終接点がわからない。たとえば自分が手を動かすでしょう、この動作の因果関係はニューロンから先はわかってるんですね、かなりわかっている。だけど、ニューロンから手前がわからないんです。

吉永　ニューロンにスイッチを入れるぐらいだったら、何かほかのほうにちょっとぐらいスイッチを入れてもいいなと……。

稲生　根本のところはあまりわからないところがあるのでしょうね。いつかわかるのかもしれないですけど……。

井村　だからやっぱり心身問題とか、生気論[56]の生気みたいなものが問題になってくるんだよ、いつの時代にもね。何も変わってない。

稲生　変わってないです。大問題っていうのはやっぱり解決できないんですよ。その解決不能性をもうちょっと見つめてほしいですね、オカルト批判をするんだったら（笑）。

吉永　でも、解決不能だと認めたら、オカルト批判は出てこないわけよ。

稲生　あ、そうか。

吉永　だから、オカルトがいい、悪いというよりも、むしろ解決できるという立場と解決不能という立場がある。

井村　いつもそこで問題になってくるのは時間だよ。人類は何億年だか何十億年だかの、いろんな偶然の積み重ねで——それが一つの人間の形になったわけでしょう？　だから、あらゆる問題も未来永劫の時間の中で必ず解決されると。そういう論理だよ。

稲生　ああ、わかりました。一種の進歩史観でもあるわけですね。

吉永　それを言えば、逆に今はわからないということもできるわけでしょう？

オカルト批判は止まらない!?——オカルト放談

井村　とにかく、さっきも言ったように肯定の方は弱いので、迫害されてやむを得ないところがあるんだから、これだけ言える機会っていうのは、もう、ワンチャンスですよ、将来にわたって。

稲生　皆、沈黙というか負けちゃうから、かんたんに。

井村　新聞なんか、絶対載せてくれませんよ。批判のほうはいくらでも載せるくせにね。公平じゃないよ。どこが自由の国だかわからない（笑）。そのわりにはいつの時代でもオカルトのにおいがするものって大衆のニーズを汲み上げているから、大新聞だって、いかがわしい広告とか、その種のにおいのする記事をけっこう載っけてる。しょうもない健康法とか、怪しげなこととか。利用するとこはしてるんだもの。最大限利用しているのが、メディアの中ではテレビというだけにしかすぎないでしょ?

いつも言うことだけど、雑誌なんかでも、奇跡のダイエット何々法とかね、「奇跡、奇跡、奇跡」って、この文字を使用禁止にしたら、売れっこないんだよ、そんなもの(笑)。

稲生　そうか。奇跡も、じゃあ、禁止用語に挙げるべきですね。

吉永　非科学的。

井村　超非科学的だよ。

吉永　正直に「ふつうのダイエット」とか「もしかしたら可能性があるダイエット」と書いたらおもしろいんですがね。

井村　そうでなきゃだめなのにねえ。「奇跡」とか「見る間に」とか「見る見る」とか、あんなの皆もう禁句ですね。そういうのを入れたら売れるから、売れることばっかり考える。その売れるときにまず利用するのがオカルトでしょう? ずるいよ。それでのさばってきたら叩くんだから。「おい、待てよ」って言いたいですよねぇ(笑)。言いたいことも言わせてもらえないし。テレビへ出たら映りが悪いからと……。何だい、顔で差別すんなよ（笑）。

稲生　でも、やっぱり顔じゃないんですよね、きっとね。

井村　いや、ぼくっていつも言うように、声と言葉と……それの存在なんだから、顔なんて無理だよ。

稲生　やっぱり気配だと思いますよ。存在感というか、メディアにとって存在そのものがヤバイんですよ、井村さんは。

井村　メディアにとってはヤバイかもしらんなあ。

稲生　ええ。そりゃ、あきらかに。これは危険なことを言いそうだという感じがしますよ、はっきり言って。みんなわかります（笑）。

井村　でもさあ、そういうのも含めて存在が許されて、初めていい社会ができるんじゃないの？

稲生　別にぼくはメディアの肩をもってませんよ。ぼくはたんに分析しているんですよ（笑）。

井村　絶対排除しようとしてる。何でもあっていいでしょう。ただ、人に迷惑をかけるのはいけないですよね。大金を取るとか、怪しげな商法とか、絶対あります。だまされないようにしてほしい、ほんとに。

吉　永　人が生きてゆくということは、ものすごくさまざまな要素からできていると思うんです。経済活動も夢を見ることも、自然科学もオカルトも、それぞれに必要な要素だと思うんです。人間の生活には昼もあれば夜もあるわけですから。そのうえ人間のすることですから、どんな分野であれカスもあれば立派なものもあると思うんですよね。同じソバという食品を出してもおいしい店とまずい店があるわけです。だからカスをつかまされないためには、よく知ってもらったほうがいい。そのためにも「オカルトは批判するより勉強せい」という結論でしたっけ。

稲　生　ああ、それはいいですね、キャッチフレーズとして。

井　村　過ちを犯すのは熱狂でしょう？　だから、のぼりつめてきたなと思ったら、ぱっと振り返って、知の方向へぱっといかなきゃだめなんですよ。それを言うのがぼくは正当だと思うんです。知側が熱狂を叩きまくったって解決する問題じゃない。知と熱狂とのバランスのうえに人間は立ってるのだから。それとセックスと。

稲　生　こういうことをテレビで言われたら困るんですよ、やっぱり（笑）。

井　村　やはり熱狂と知だよ。その間だよね。それをみんながもてばいいと思いますよ。ああ、上がってきたなあと思ったら、みんなの意見を聞くことだね。

ぼくのところも変てこな相談が多くて。それも、ちょっと医学的に難しい病気に対する怪しげな治療法とかねぇ。それで、そんなのに限って何か異様に謝礼が高いんだよね。そういった場合、あんまりこっちがブレーキかけちゃうと、後になって、あのときあれをやっとけば……とか思われたら、つらい部分がある。戦前の迷信撲滅運動でも、一番問題になったのはその部分なんだね。迷信というのは病気に関することがものすごく多い。それで、そういうことを信じることが正しい医療機会を失わせるというんだよ。やっぱり今の時代、ドクターを信じてもらわないといけない。それプラス「どうしてもどうしても」っていうのだったら、あまり高くない方法だったらいいと思う。高いのはちょっと考えもんだけどね。

状況は今も変わってないから、批判するのも無理ない。そこのところがある限り、やっぱりオカルト批判というのは止まらないと思いますよ。

注

1 【編注】*Oxford English Dictionary* によれば、現在の意味での occult の英語における初出は一六三三年を少し遡る時期。他方、occultism の初出はそれから約二世紀半後の一八八一年。
2 【編注】エリファス・レヴィ（一八一〇〜七五）。フランスのロマン派詩人、オカルティスト。カバラ、錬金術、ヘルメス学などを研究し、一九世紀西欧における魔術復興の中心的存在となる。
3 【編注】ギリシア語で超自然的、霊的存在を意味する。
4 【編注】アレッサンドロ・ディ・カリオストロ（一七四三?〜九五）。イタリア生まれの魔術師。異端審問にかけられ獄死。
5 【編注】キース・トマス（一九三三〜　）。イギリスの歴史学者。
6 ペイガニズム（paganism）。本来はユダヤ教徒やキリスト教徒が自分たち以外の宗教、信仰を指す言葉であるが、とくに自然崇拝的宗教、多神教を意味することもある。現代のオカルト世界では、キリスト教とは対極の「非抑圧的」宗教の意でポジティヴに用いられたりする。
7 【編注】Morton Smith, *Jesus the Magician* (1977).
8 ミルチャ・エリアーデ著『神話と夢想と秘儀』（岡三郎訳、国文社、一九八五年）を参照。
9 ダニエル・ダグラス・ヒューム（一八三三〜八六）。一九世紀でもっとも有名な霊媒。
10 ベルナデッタ・スビルー（一八四四〜七九）。フランスのルルド市に生まれる。父は麦粉製造者。一八五八年二月、妹と隣りの娘とともに近くのガーヴ川にたき木を採りに行き光に包まれた貴婦人と会う。その婦人は後に聖母であることがわかり、九回目の出現のとき、泉の位置を示され病が癒えると教えられる。この「ルルドの泉」は今日も世界中から巡礼を迎えている。
11 【編注】レーニンの防腐処理された遺骸を納める「レーニン廟」は、二〇二三年の時点でも、モスクワの赤の広場に現存。
12 【編注】クェーカー、シェイカーは、それぞれ一七世紀、一八世紀に英国で興ったプロテスタントの一派。共に信者が霊的体験の際に身体を震わせる（quake / shake）ことから、そう呼ばれた。
13 既存の教派内でのペンテコステ派的動きをとくに区別してこう呼ぶ。

14　聖霊の与える個人的癒しと異言を重視する立場。この流れは古くからあったが一九〇六年、ロサンジェルスで爆発的に拡大し、以後第三世界を中心に広がる。天才的な大衆伝道者、ビリー・グラハムが登場し、大集会を開いてキリスト教への入信の決意を迫った。

15　ファンダメンタリズム（聖書根本主義）ともいう。聖書は一点一画の誤りもない完璧な神の言葉、福音（よい知らせ）であると信じるキリスト教の諸宗派を指す。

16　ジョン・ディー（一五二七〜一六〇九）。数学、天文学、光学、地理学などさまざまな分野に通暁した博識の学者だったが、魔術、オカルティズムの研究にも没頭し、後半生は「天使」の召喚作業にのめりこんだ。【編注】ディーについては、横山茂雄『神の聖なる天使たち――ジョン・ディーの精霊召喚　一五八一〜一六〇七』（研究社、二〇一六年）を参照。

17　【編注】宜保愛子（一九三二〜二〇〇三）。とくに一九八〇年代から九〇年代半ば、TVなどで霊能者として活躍し、著書も多数ある。

18　【編注】「心霊研究」の原語はpsychical researchで、「超常現象研究」の訳語の方が原義に近い。一八八二年に英国で知識層を核に設立された組織Society for Psychical Researchが出発点で、心霊の存在をアプリオリに前提とせず、科学的に検証、研究しようとした。二〇世紀以降の超心理学の源流。

19　心霊主義、霊交思想。死後の生の存続、死者の霊との交信可能性を信じる。メスメリスト、スウェーデンボルグ主義者、シェイカー教徒などにその先駆形態を発見できるが、一八四八年のハイズヴィル事件を契機として、欧米に熱狂的な広まりをみせた。

20　一八四七年の末から翌年にかけてニューヨーク州のハイズヴィルのフォックス家で起こった心霊事件。スピリチュアリズムの発端となった。

21　動物磁気説の提唱者として知られるフランツ・アントン・メスメル（一七三四〜一八一五）の信奉者のこと。彼らメスメリストの一部は、トランス状態にある被験者が霊と交信できることを「発見」して、スピリチュアリズムの先駆をなした。

22 【編注】ジョン・ネヴィル・マスケリン（一八三九〜一九一七）。英国の有名な奇術師。

23 【編注】アイラ・エラスタス・ダヴェンポート（一八三九〜一九一一）とウィリアム・ヘンリー・ダヴェンポート（一八四一〜七七）。アメリカの奇術師。霊媒の行なう「奇蹟」を「本物」の超常現象と称して舞台で行ない人気を集めたが、やがてトリックを暴露された。

24 【編注】リカルド・ゴンザレス（?〜?）。フィリピンの心霊治療家。彼については、たとえば本山博『フィリピンの心霊手術』（改訂版、宗教心理出版、一九七七年）を参照。

25 【編注】東長人、パトリック・ガイスラー『ブラジルの心霊治療——奇跡を操る人々』（荒地出版社、一九九五）を参照。

26 【編注】大阪府豊中市の千里中央駅前にあった生涯学習センター。長年にわたって、井村の講座「超心理学実験教室」が開催された。

27 【編注】CSICOP(Committee for the Scientific Investigation of Claims of the Paranormal［超常現象と称するものの科学的調査のための委員会］)。一九七六年にアメリカで設立。二〇〇六年に団体名をCSI（Committee for Skeptical Inquiry［懐疑主義的研究のための委員会］）に変更した。

28 【編注】マーティン・ガードナー（一九一四〜二〇一〇）。アメリカの文筆家。サイコップの会員。彼の *Fads and Fallacies in the Name of Science* (1957 [originally published in 1952 as *In the Name of Science*])は、擬似科学、超常現象などを批判、弾劾した書物として広く読まれている（邦訳『奇妙な論理——だまされやすさの研究』［市場泰雄訳、社会思想社、一九八〇年］）、『奇妙な論理II——空飛ぶ円盤からユリ・ゲラーまで』［市場泰雄訳、社会思想社、一九九二年］。いずれも二〇〇三年にハヤカワ文庫NFに収録）。

29 【編注】ロバート・アントン・ウィルソン（一九三二〜二〇〇七）。アメリカの小説家、神秘主義思想家。本書「「異端科学狩人」たちのオカルト狩りを笑いとばす」を参照。

30　【編注】井上圓了（一八五八〜一九一九）。仏教哲学者。妖怪などの批判的研究で知られる。

31　【編注】森田正馬（一八七四〜一九三八）。精神科医。精神療法である森田療法を創始。

32　【編注】中村古峡（一八八一〜一九五二）。文学者として出発するが、雑誌『変態心理』を創刊、後には医師となり精神科診療所を開業。

33　東京帝国大学助教授だった福来友吉が透視・念写実験を行ない、大学を追われた事件。彼は大正二年（一九一三）に休職を命じられ、その二年後に失職。この事件については、本書一五一—一五二頁も参照。

34　【編注】ウィリアム・ジェイムズ（一八四二〜一九一〇）。アメリカの哲学者、心理学者。プラグマティズムの始祖の一人。

35　J・K・F・ツェルナー（一八三四〜八二）。ライプツィヒ大学の天体物理学教授。

36　【編注】同会は一九〇五年に再興され、現在も存続。

37　【編注】フーゴー・ミュンスターベルク（一八六三〜一九一六）。

38　ウィリアム・マクドゥーガル（一八七一〜一九三八）。イギリス生まれの心理学者で一九二〇年から二六年の間ハーヴァード大学、二六年から死ぬまではデューク大学の心理学教授を勤めた。J・B・ライン（後出）の師匠にあたる。

39　【編注】*Journal of Scientific Exploration.* 一九八二年に設立されたSociety for Scientific Explorationが一九八七年に創刊した雑誌で、現在も刊行を継続。

40　【編注】ヨーク・ドビンス（一九六〇〜　）。アメリカの物理学者、超心理学者。

41　ミシェル・ゴークラン（一九二八〜九一）。フランスの心理学者。占星術を統計的手法により研究した。

42　【編注】ウィリアム・A・ティラー（一九二九〜二〇二二）。スタンフォード大学の材料工学教授を務めた。サトル・エナジー（subtle energy［精妙なエネルギー］）という概念を提唱。これについては本書八一―八三頁を参照。

43 【編注】物理学者の大槻義彦（一九三六～　　）を指す。当時、早稲田大学教授。火の玉＝プラズマ説を唱えた。メディアに頻繁に登場して、超常現象を否定する発言を行なう。

44 【編注】C・G・ユング、W・パウリ『自然現象と心の構造』（河合隼雄・村上陽一郎訳、海鳴社、一九七六年）。

45 ハンス・ユルゲン・アイゼンク（一九一六～九七）。ドイツ人だが、イギリスで活躍した心理学者。ここで言及されている本は、『占星術――科学か迷信か』（D・K・B・ナイアスとの共著、岩脇三良・浅川潔司訳、誠信書房、一九八六）。

46 【編注】ディーン・ラディン（一九五二～）。アメリカの超心理学者。邦訳された著作に『量子の宇宙でからみあう心たち』（石川幹人訳、徳間書店、二〇〇七年）など。

47 【編注】ロジャー・ネルソン（？～）。アメリカの実験心理学者、超心理学研究者。

48 【編注】J・B・ライン（一八九五～一九八〇）。アメリカの著名な超心理学者。ESPカードを使った超感覚的知覚等の実験で知られる。

49 ガートルード・シュマイドラーの研究（一九五八年）で、ESPを信じる「羊」と信じない「山羊」とに被験者を分けて実験すると、前者の方が高得点だったというもの。ただし、その後これを否定する実験結果も出ている。

50 【編注】ロンブローゾ『死後の生命』（中村古峡訳、内田老鶴圃、一九一六年）。著者のチェーザレ・ロンブローゾ（一八三五～一九〇九）はイタリアの著名な精神病学者、犯罪学者。

51 【編注】東京・新宿で五〇年にわたって占いを続け、占いを通して人々の相談に乗り人気を博した占い師。

52 【編注】上岡龍太郎（一九四二～二〇二三）。人気漫才師。オカルト嫌いで知られ、テレビ番組などでオカルト批判を繰り広げた。二〇〇〇年に芸能界を引退。

53【編注】タントリズム（Tantrism）は、本来は、インドの古代諸宗教で性の原理を重視した思想を指す。ここでは、一九世紀後半以降の欧米での性魔術などを含めた広義の意味で用いられている。

54【編注】一八世紀にロシア正教会から離脱した一派。去勢派とも呼ばれる。肉欲は諸悪の根源であるとして信者には去勢を行なう。なお、一九九七年に集団自殺事件を起こしたアメリカのＵＦＯカルト「ヘヴンズ・ゲイト」では、信者に性行為を禁止したばかりか、指導者を含めた数名が去勢したといわれている。

55【編注】大村恵昭が考案した代替医療の診断法。生体をセンサーとして、生体内の情報が指の筋力変化から検出されるとする。

56【編注】生命には非生物にはない特別な力（生気）があるとする。

鼎談2「異端」と「正統」の思考

井村宏次
稲生平太郎
吉永進一

近代におけるパラダイムシフト——正統から異端へ

稲　生　本書の特集で取り上げられる異端の学説は、基本的には近代以降に出てきたと言っていい。近代以前には西欧社会は、キリスト教を中心にした、ほぼ一枚岩の世界観をもっていたわけですが、近代以降それがほころびる。そうしたキリスト教的な世界観を崩壊させたものが、いわゆる近代科学です。新しい世界観、普遍をめざした科学として、それまでのキリスト教的な世界観を打ち砕いてしまった。そういう歴史的な背景があって、異端の学説の多くは、近代科学によって打ち砕かれた側によって出されてきた。

井　村　たとえば進化論、現在でもこれを認めないキリスト教の一派があるほどだから、当時、進化論がキリスト教徒というか教会に与えた衝撃はものすごかった。つまり、神に対して人間が主人公になるいう、巨大なパラダイムシフトがあったわけだから。

中世はキリスト教が、人間関係から政治・文化、建物から町づくりまで、息もできないほどに規制していた世界だった。そうした抑圧に対して反発するエネルギーがどんどんたかまったあげく、一九世紀に進化論が提唱された。

吉永　それともう一つ、キリスト教の抑圧とは別に、科学自体がもっている抑圧性も考えなければなりませんね。近代科学によって、宇宙観全体が非常に不安定なものになってきて、近代科学によって否定された側にとっては、「安心感を失った」というか、そういうものが異端学説へのバネになっているんではないかと思います。

井村　そう。キリスト教にとってかわった科学が、新たな抑圧の種になってきたわけだ。だから異端学説というのは、必ずその当時の科学を敷衍《ふえん》している。

稲生　その当時の主流の科学と表裏一体の形で出てきます。その意味では、反科学ではなくって、「裏科学」としか言いようがない。

井村　つまり、科学が押しつけた物の見方に対して裏側から考えるわけだから、そこに未来科学的な何かを含んでいたとも言える。

稲生　繰り返しになりますが、近代に起こったパラダイムシフトの中で、科学はそれまでの安定した世界観を大きく壊しちゃった。進化論もそうだし、宇宙論もそうです。ぽっかり真空（虚無）に浮かんでいる地球像は近代科学が生み出したものです、人間はそれによって、それまでもっていた安心感みたいなものを手放さなければならなかった。それが異端学説が出てくる大きな背景になっていると思います。安心を手放したことで、恐怖が生まれた。スピリチュアリズムやサイキカル・リサーチはそれ抜きには考えられない。

吉　永　恐怖に対処する形で、とくに宇宙観に顕著だけれども、それ以前にあった地球平面説とか地球空洞説だとかが出てきた。こういう説は、現象的に、胎内回帰的な方向が非常に強くて、とくに顕著なのはサイラス・R・ティード[2]（筆名コレシュ）の凹面地球説です。凹面世界というのは子宮的な空間だから、我々の生存が保証されている……。

井　村　失った安心感を建て直すための、一つの直観に基づいた説の組み立てかもしれませんね。

稲　生　ただ、ティードの場合、そこだけを見れば、たしかにすごく保守的ですよね。安定した宇宙観、世界観を求めているという意味では。しかし同時に、ティードは、当時としては非常にラディカルだった。黒人と白人、そして男女の同権説も唱えているし、現実の政治にもかかわって選挙に出たりもしているんです。その意味では、同時にラディカルで進歩的な人なんですね。だから単純に保守的とは言えないところがある。異端・正統という分類自体がややこしいんだけれども、その異端の中でも、一見、退行的な人が同時に非常に先鋭的であるという矛盾を抱え込んでいるわけで、一面的に、彼の空洞説のみを取り上げてどうこう言うのは適切でないような気もします。

血の呪縛からの解放――メスメリズムの流れ

井　村　西欧文化は「血」をすごく重視するでしょ。血は聖なるものであり、また同時に非常に恐ろしいものだと。ルネサンス期には、血を「生命の汁《スーゴ・デッラ・ヴィタ》」と呼んでいた。そしてそれは、キリスト教信仰によって補強され、一体となってキリスト教科学として発展したわけです。

その「血」の思想を打ち破ったのがメスメルですね。彼は血を重視せず、宇宙に偏在している「動物磁気《アニマル・マグネティズム》」というエネルギーの存在を提唱した。今はやりの「気」みたいなものだよね。それに賛同したのがH・P・ブラヴァツキー。どんどんメスメリズムを取り込んで進化させた。その進化したメスメリズムがアメリカに投げ込まれて、いろんな新しい宗教が生まれた。

ただ、このアメリカで生まれたいろんな新宗教群は、気のエネルギーと想念のエネルギーを同一視しているでしょう。それっ

磁気治療の光景

て、G・アダムスキーなんかに似ていません？[3] アダムスキーの説は、たとえばクリスチャン・サイエンス[4]に代表されるような部分と似通っているように思う。

稲生 そうですね。アダムスキー自身、戦前は東洋系のオカルティズムで食っていて、セオソフィスト（神智学信奉者）に近かった。さらに彼の友人で、コンタクティーのウィリアムスン[5]という人物はもっとセオソフィスト寄りですから、彼あたりを介しても、そういう思想の影響を受けていたと思います。

井村 だからアダムスキーの場合は、セオソフィストのいろんな――たとえば「七つの人類説[6]」――部分をそっくり宇宙にゆだねたんじゃないかと思うんだよね。だから、非常にわかりやすい。いわゆる信念の魔術的なものとか、愛とか、非常にわかりやすい部分をアダムスキーは含んでるから、今でも人気あるんだと思う。

吉永 そうですね。ニューソートというのは日本ではあまり注目されていませんが、二〇世紀のアメリカの新宗教では本当に核となっていったんです。

井村 吉永さんの専門だから、ちょっと解説してよ。

吉永 ニューソートというのは、病気とは精神が生み出し癒すものという考え方から発して、人の意識が宇宙と関係しているとみなす宗教思想です。

井村 クロード・M・ブリストルの『信念の魔術』［土屋健訳、ダイヤモンド社、一九五四年］

とか、「マーフィーの成功法則」とか、これ、全部ニューソートなんでしょ？

吉永　そうです。ニューソートの元祖はフィニアス・クインビー[7]という人ですね。それからいろいろ分派して、さきほど井村さんがおっしゃったクリスチャン・サイエンスがあります。もっとわかりやすい、啓蒙的なものになっていくと、デール・カーネギーみたいな「信念の魔力」という形になってくるんです。こうなるとアメリカ文化の特徴的な部分という感じですが。

井村　アメリカにおけるサクセスストーリーの理論的裏づけとして機能するんだよね。

吉永　そうです。彼らの経済活動について回っている発想ですからね。

井村　その突端にあらわれたクインビーというのは催眠術をやったわけですか。

吉永　ええ。もともとメスメリズムだったのが、だんだんと……。

井村　近代科学的な人間像だと、人間一人一人は孤立しているけども、メスメリズムによると、二者間で超能力的な交流が可能であるとしますからね。

吉永　そうです。近代科学では個体と外界というのをはっ

フィニアス・クインビー

きりと区別しますけども、メスメリズム以降のそうした考え方では、個体というものをはっきりと区別しませんよね。気というかエネルギーが交流していると。その極端な例がヴィルヘルム・ライヒ[8]です。宇宙の星雲のエネルギーもオルゴン・エネルギーであるし、我々の命のエネルギーもそのエネルギーであるという、一元論であるわけです。ただ、一元論というのは、それ自体はやはり近代科学と同じ発想なんですが。

稲生　そうそう。ライヒはやっぱりすごい近代科学の人だと思います。ちゃんと正規の教育を受けた人で、たしかに行き過ぎたのは事実ですが、彼の発想じたいはきわめて科学的なんですよ。師匠のフロイトが抱えていた唯物論をとことんまで推し進めていったから、結局、何かがないと気がすまないというところへ行き着いたんだと思います。

吉永　唯物論は極端につきすすめると唯心論と同じになってしまうと言われているんですが。一元論というのは、最終的にはその名称だけの問題になっちゃって、それを心と呼ぶか物質と呼ぶかという、名称の問題になってしまいますからね。

稲生　だから、ライヒなんかが本当に悲劇的だと思うのは、彼はおそらくメスメル、あるいは、もっとさかのぼってギリシアのプネウマ[9]なんかの流れを一方で引き継いでいて

ヴィルヘルム・ライヒ

——本人はそんなことは意識していなかったでしょうけど——同時にごりごりの近代科学の人ですから、意識しなかっただけ余計に悲劇的なんですね。彼はあくまでも近代科学でやってたつもりなんです。

吉永　そう。ほかの人だったら、ある種宗教的な部分と接合させることで助かってた。ニューソート系統の人はたいがいそうですからね。その意味では、ライヒは逃げなかったということが偉い。ただ、逃げなかったからＵＦＯを見ちゃったというところはないですか。

稲生　それはやっぱり抑圧感かな（笑）。

パターン認識と異端——見えないものを見る、聞こえないものを聞く

井村　忘れてならないのが「エジソンの霊界通信機」です。近代科学における電気の発見というのは大きかった。

吉永　だから、電気に対する過大な評価の典型的な例です。電気が発見されたとき、それが物質的なものというイメージはなかったと思うんです。メスメルの動物磁気にも似た、一種、精神とか肉体とか宇宙とか、科学だったらばらばらに分離するようなものを軽々と

超えていくような、何かのものとして想定していた。それが一八世紀ごろから延々とつながっているんですね。

井村　メスメリズムがJ・ケルナー[11]に影響を与え、ケルナーがたくさんの人を磁気催眠にかけると、その中には霊が乗り移って話をするということが出てきて……。

稲生　いわゆるスピリチュアリズムの先駆ですね。

井村　その流れの中に、このエジソンはどっぷりつかっていた。

吉永　今から考えると、電気とスピリチュアリズムというと変な発想だと思うかもしれませんが、当時のスピリチュアリズムは電気とすごく密接だったんですね、最初から。フランスで刊行された最初のスピリチュアリズムの本が『スピリチュアル・テレグラフ』。電信を一種のテレパシー的なものとしてイメージしていた。

井村　うん。電気的なものを用いて霊界通信機をつくろうというエジソンの努力というのは、そう変わったことじゃなかったわけだよな、彼の頭の中では。

吉永　もちろん。その後もラウディヴ・ヴォイス[12]のような形でどんどん続いています。

井村　一九六〇年代だったと思うけど、アメリカのある霊媒がエジソンを呼んで、霊界通信機を実際につくったという文献があります。それによると、霊が言葉を話すんじゃなくて、一種のモールス信号みたいな信号機だったらしい。

吉永　じゃあ、ラップ音……。ラップ音ってモールス信号ですものね。

稲生　そうそう、何回たたいたらイエスとかノーとかやってるから。

井村　これはこの座談会の一つの大成果やな（笑）。ラップ音はモールス信号。そういえば、電気的な通信法の最初はモールス信号だったわけだから。

稲生　モールス信号の原型が考案されたのは一八三七年くらいだから、スピリチュアリズムが出る直前ですよね。

井村　だから、スピリチュアリズムが生まれてきて、早速モールス信号の通信の仕方を取り込んだわけだな、いわば。

稲生　はじめの話に戻りますが、結局、主流科学と非主流科学とは、常に密接に関係しているという、典型ですよね。

吉永　それも当時の先端科学と、ですね。

井村　実は、私もつくろうと思ったんですよ。クリスタルとマグネットを使って（笑）。

吉永　もっともクリスタルというのは、昔の蓄音器のカートリッジに使ったりもしましたからね。

稲生　それじゃあ、ラウディヴみたいなものを？

井村　ちょっと違うんだけどね。ラウディヴ・ヴォイスというのはスウェーデンのＦ・

ユルゲンソン[13]が一九五九年に発見した現象なんだよね。ラジオを聞いてるうちに変な声が聞こえると言い出して、それをさらに発展させたのがK・ラウディヴ[14]。アメリカでもずいぶん盛んで、この機械でつかまえた霊の声を録音したテープを一〇ドルで売ってます（笑）。

稲　生　ランダムなパターンの中に意味のあるパターンを読み込む、ということですね。

吉　永　視覚的にやれば心霊写真ですし、聴覚的にやったのがラウディヴ・ヴォイスだと。見えない関係性を見出す。

井　村　そういう関係性の発見というのは、東洋よりも西洋がいきいきしてます。たとえば壁のしみの中に「風景」や「肖像」を見る。レオナルド・ダ・ヴィンチはそうした訓練を弟子に勧めている。これは西洋の思考原理の一種のあらわれなんですよ。一見するとランダムな、無意味なものの中にはっきりした意味を読み込んでしまう、発見していくんだという、そういう強い欲求みたいなものが西洋文化にはある。

稲　生　ぼくらが想像する西欧近代は非常に理性的というイメージがあるけど、それに対するカウンターじゃないかなあ。リチャード・シェイヴァー[15]が瑪瑙《めのう》の中に太古の地球の記録画のイメージを見つけたというのもそうだし。

吉　永　ブライアン・キイ[16]の『メディア・セックス』〔植島啓司、リブロポート、一九八九年〕もそうですね。

井　村　理性的であるがゆえに、逆にその部分がものすごく強力になっている。

吉　永　混沌たるところから力ずくで何か理屈を見出す。

井　村　また、説明のためにはあらゆるものを使うからね。まず主張がすごくはっきりしている。で、たとえ間違っていてもいいから、必ず科学的な説明をこじつけてある。あらゆる面から武装してる。

稲　生　日本というか、東洋ではなあなあですむけど、向こうはそれでは許してもらえない。

井　村　いわゆる異端的なものを生み出すパワーというのは、やっぱりそこらへんにあるよね。

日本人が受容した異端——日本近代のトラウマ

井　村　ここで日本をふりかえってみましょう。木村鷹太郎《たかたろう》の邪馬台国＝エジプト説とか、酒井勝軍《かつとき》[17]のピラミッド日本発祥説なんか白眉だと思っているんですけど。

稲　生　いわゆる偽史[18]が出てくるのは、もっぱら明治以降ですよね。つまり、この時期、歴史に対する考えが大きく変化した。それまでは歴史と物語あるいは歴史と神話はなんとか仲よく融合していたけれど、近代以降、両者は分離せざるをえなくなった。そうすると、そうじゃないと思ってた人は歴史に不信感を抱くわけです。そういう素朴な疑問から歴史に切り込む。もう一つは、偽史の多くが日本の優位を主張しているでしょう。これは明らかに明治維新による開国のトラウマ、日本が世界に一気に飲み込まれちゃうという恐怖からです。この二点がまず基本的にはあると思います。

井村　ピラミッドとかメスメリズムとか西洋的なものを取り込んで、日本優位に仕立て上げているよね。そういう異文化が強力なアクティベーター（活性剤）として働いた。

稲生　また、日本はその取り入れ方が早いですね。異常なぐらいすばやい。メスメリズムは、明治一〇年代にもう文献の翻訳が出てます。

井村[19]　セオソフィー（神智学）の翻訳も明治に出てます。ニューソート系も早速入ってきて、小さい教会がもうできていたみたいです。そのニューソート系のものを大幅に取り入れたのが、今日の「生長の家」です。海外との交流、取り込み方のうまさ、すばやさは

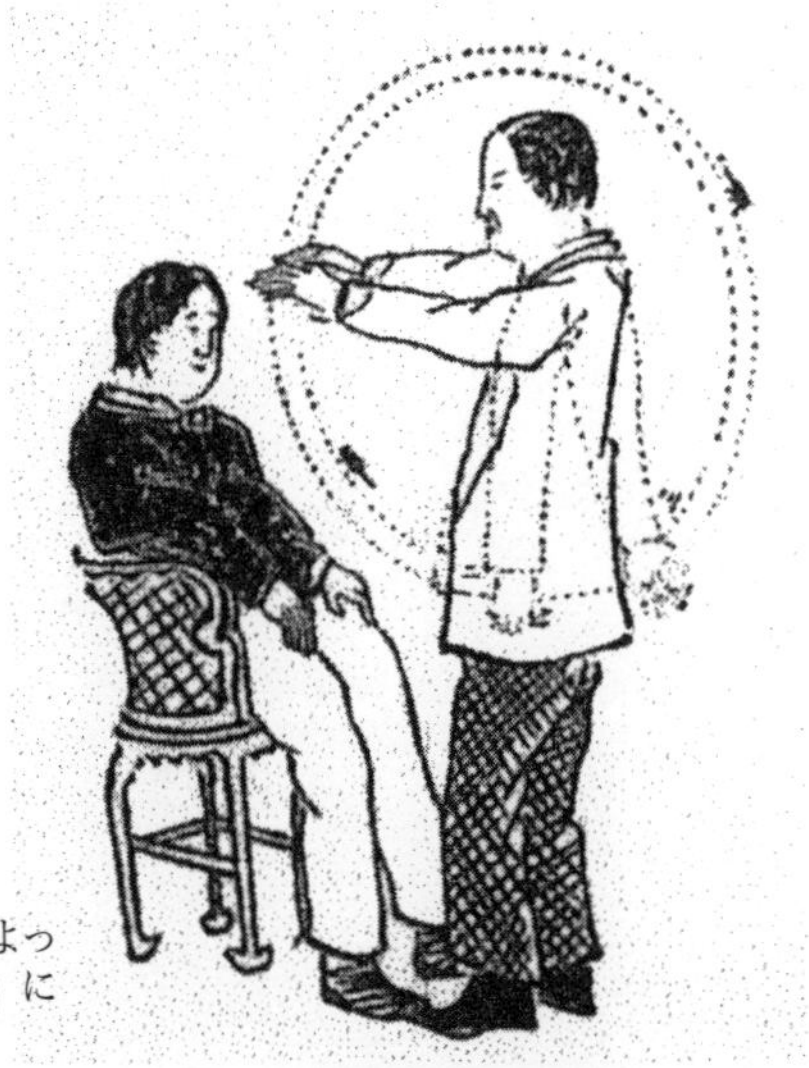

明治18年に鈴木万次郎によって翻訳された『動物電気論』に掲載のメスメリズム治療の図

日本人の特性かな。

稲　生　だから、小谷部全一郎《おやべぜんいちろう》[20]の日猶《にちゆ》同祖論なんかも、これは明らかにイギリスの英猶同祖論を巧みに換骨奪胎して日本にもってきている。[21]日猶同祖論と言われれば日本的産物のように思えるけれども、じつはこれは向こうからパクった（笑）。

吉　永　でも、おもしろいですね、そこでユダヤというのはね。イギリスでユダヤが出てくるのはわかるんですけど、日本でユダヤが出てくるというのは……。

井　村　共通のシンボリズムというか、シンボルのもっている力というのが、ずいぶんあると思うよ。たとえば卍とか逆卍、あるいは名称は異なるがダビデ紋といったシンボルは大昔からありますから、そうしたシンボルを介した取り込みというのをすごく感じるな。

稲　生　同時に、ユダヤ文化が西洋文化の一つの起点だということは、もう認識されていたと思いますから、そういう意味では当然……。

吉　永　そうですね。それにユダヤというのは、西洋文明にとっても一つの、そして一番のオブセッション（強迫観念、妄想）ですからね。

稲　生　というのは、キリスト教がユダヤ教から出てきたという歴史的な経緯ね。それに『旧約聖書』って明らかに「歴史」書でしょ。たとえば延々と系図が出てくるわけですから。そうすると、ユダヤが出てくるのは必然的ですよね。

吉　永　その歴史自体がもっているという魅力というのが、偽史では露骨に強調されていますよね。

稲　生　そう。だから、歴史も神話も宗教も一体であるという観念を昔の人たちはもっていたわけです。ところがそれは、近代においてはずたずたに切り裂かれざるをえなかった……。ただし、この問題は今でもアクチュアルな問題でして、ある民族のアイデンティティを語るときには歴史だ神話だ物語だと分離できませんからね。

吉　永　結局、よその民族の歴史を神話と言うんですよね（笑）。偽史の人たちのは、そうしたアイデンティティを非常に明敏に感じとっている……。

井　村　学説の表面だけ見ると、批判はすごく簡単なんだけども、これに命をかけた人が何人もいる。

吉　永　戦争直前の一九三〇年代に『竹内文献』だとか『上記《うえつふみ》』だとかが非常に盛んになる。しかも、それを熱心に信仰したのが軍人だったということは、非常に意味があるんじゃないかな。生死の場に赴くときに安心させてくれるような歴史を必要としていたというか。

稲　生　だから、自分を賭けるに足る物語。

吉　永　当時、皇国史観があれだけ強かった時代なのに、ああいった偽史に命を賭けた人たちが多かったというのは、偽史の本質の一部を突いているような気がするんです。

井　村　そしてそれぞれが、いわゆる国家神道以外のところに結びついているという意味でまさしく異端。

稲　生　ずっと廃《すた》れることなくあるというのは、やっぱり何かぼくらが感受するものがあるから残るわけで、そうでないものは当然消えていきますからね。

異端を生み出すエネルギー――世界をブラック・ボックス化する近代科学

井　村　ところで、最近の異端科学って、パワーがないよね。

稲　生　世界的に見ても、とくに先進国と言われる国では、「物語」はもう力を弱めています。

井　村　系譜的にはＥＭＡモーター[22]に続くものとしてＰ・テワリ[23]の宇宙力発電機《スペースジェネレータ》なんかがあるんだけど、確かに力が落ちてる。もう考え尽くされたということなんだろうか？

　現在の異端科学の中でまだパワーが残っているのは宇宙考古学の分野でしょうね。古代に宇宙人がやってきて、私たちに高度な文明を教えた……。

吉　永　それは英雄神話だと思う。

稲　生　ぼくは英雄神話というよりは、むしろキリスト教のたんなる代替物じゃないかと思うな。結局は神のかわりに宇宙人を置きかえただけなんだ。

吉　永　いや、新しいプロメテウスなんだよ。つまり宇宙を創造した神がいて、人類に文明を教えた英雄がいる。かつてはそれはプロメテウスだったんだけれど、近代科学が彼を否定したので、かわって宇宙人というのが出てきた。だから、神話の代替物という部分がはっきりしていますよ。

井　村　パワー・ダウンの話に戻ると、今までの日本はすべて受け身というか、何かと言えばすぐに西洋の魔術でしょう。海外に頼らず、もっと日本のオリジナリティを研究してほしいね。で、逆輸出できるほどの強力なストーリーを生み出してほしいな。

いまゲーム全盛でしょう。ゲーム作家なんて時代の寵児ですよね。だからぼくは、ゲーム作家に頑張ってもらって、新しい物語を生み出してほしいという気がするね。

稲　生　既存の世界を切り裂くような物語が出てくれれば、やはりそれは強いと思いますけど。

井　村　最近の現象として、子供たちの科学に対する素朴な驚き、感動がどんどん薄れてますよね。

吉　永　ぼくらの子供のころって、ほら、ゲルマニウム・ラジオで、コイルを巻いて、同調したら音が鳴ったという……。

稲生　動くモーターに対する思い入れとか……。ところが今、一番手近なのはファミコンでしょ。あれ、あんまりおもしろくないですよね、見ていても。

井村　昔のテクノロジーには、「物」自体に魅力があった。オーラがあったんですね。

吉永　だからEMAモーターとか、清家新一[24]さんのやつ〔逆重力機関〕とか、ああいうのを見ているとわくわくするんです。

稲生　うん。それはやっぱりオーラがあるんでしょうねえ。

吉永　科学って、コイルを巻いたりとか、「物」があるから、何かすごそうだなみたいな……。

稲生　それとも、ぼくらの世代がもうパラダイム・シフトに乗り遅れつつあるのか。どっちかだね。

井村　乗り遅れてると思う（全員笑）。

吉永　海外ではどういう人たちが異端科学や異端史をになっているんでしょう?

井村　向こうには日本みたいな文部省はありませんから、大学をつくったり、学部をふやしたりするのは自由自在なんです。学位も簡単に出せますから、何々博士なんてなんぼでもあります。

吉永　通信販売で買える。

井村　ぼくも買おうと思ってる（笑）。日本じゃ博士っていうとちゃんとした人だけど。

吉永　アメリカの雑誌には、こうすれば神秘学博士が取れるといった記事がぞろぞろ載ってますからねえ。そんな国だから、研究者の職業も地位もばらばらですよ。でも、そうした雑多なエネルギーがどんどん湧いてこなければ、マッド・サイエンスなんてできない。

井村　日本で最近、フリーエネルギー研究がライブになってきたというのはわかるね。直接科学と対決できるというか、科学の一部をひっくり返せる可能性ね、そこに冒険心とか、ときめきをかき立てる部分がある。次々と新しい装置が生み出されていますよ。

稲生　常温核融合は今では、日本が中心なんですよね。そのいかがわしさと同時に、日本だけがやってるというのがおもしろい。ヨーロッパやアメリカではほとんどアンダーグラウンドですよ。ところが、日本ではどういうわけか国（通産省［現在の経済産業省］）が金を出しているとか。

井村　一時はやった超伝導もそうだね。分子生物学も思ったほどねえ……。

吉永　近代科学というのは人格性を消してしまっている。私たち人間が生きるってことは、何ていうか、そんなにすっきりしたものじゃない。合理的に、あるいは非人格的なもので割り切れるものじゃありません。異端科学はそうした必要性から出てくる部分が非常に大きい。

それからもう一方で言えるのは、正統科学というのも、見えないものを見る力というところから出てきた部分があるんじゃないかということです。教科書で教わる科学というのはもうすっきりし過ぎちゃっていて、だれにでも見えるというか、見えなきゃいけないことになってるけれど、本来は最初に見た人ってのはやはり見えないところを見たわけですからね。

だから科学、いわゆる正統科学は客観性と追試可能性というのを後生大事に唱えてますけど、たとえば客観性といったって、万人を納得させるなんてできるんでしょうかねえ。追試可能性も、実験自体のシステムがまだまだ未熟で、名人技が必要なことが現実にいっぱいあるわけですから。

井　村　いわゆる未知科学というものは、未知のなんらかの現象を合理的に説明・証明しようという一つのシステムなわけですが、それが現在の科学レベルで説明できないからといって排除してしまうことはいけない。

だから、正統科学が否定する「気」の実在だって、現実問題として「気」を想定したほうがてっとり早く説明できるでしょう。正統科学では「気」に関する現象を説明するのは困難なんです。そうした現象はいくらでもあるんだから、その現象と「気」というキーワードを軸に新たな仮説を生み出していけばいいんです。正統科学が締めつければ締めつけるほど、未知科学を異端に追いやってしまうことになる。

稲　生　いったん大衆化した科学が最近また、社会科学とか人文科学を含めて、全領域で専門化しはじめて、どんどんブラック・ボックスと化していく傾向が加速しています。そうなると、普通の人にとっては素朴な実感とか生きている実感と科学が乖離《かいり》していって、どうしても異端科学がアピールしてくると思いますね。世界のブラック・ボックス化と並行して、人格性を消滅させた科学によって、世界がのっぺりしだしたという現象です。しかし、現実には自分たちが体験する世界というのはぐちゃぐちゃしていますよね。でこぼこしていて、暗かったり明るかったりするわけです。そういう実感との乖離がどんどん広がっています。だから、今後も、パワーはともかく、異端とよばれる科学がなくなることはないでしょうね。

吉　永　そういう意味では、ヴェリコフスキー[25]の「衝突する宇宙」論は典型的なのかな。本当にドラマチックですものねえ。そういうところが受けたんでしょう。

稲　生　チャールズ・フォート[26]も非常にアナーキーな世界観ですよね。この世界は狂ってる……整合性のある世界なんかないんだ。理性の目から見れば、狂気に近いようなものだ、と。フォートの説がいまだに強く受け入れられているのは、その激しさのせいだと思

チャールズ・フォート

います ね。実感から乖離した近代科学の世界に風穴をあけたと言える。

井　村　いろんな正統があって、いろんな異端があっていい。でも、そこにはいつでも人間というレベルでの思考が必要だと思う。地球上に人間という面倒な生物が存在するから、ややこしい論議が始まるんやから。それが正統・異端問題に振り回されない方法の一つ。

それから、見えないものを見る力を養うこと。そうして見えてきたものの中には、いわゆる心理学の領域に属する発見もあるし、未来科学的な部分もある。そうした発見の中には未来に実現するものもあるだろうし、またエンターテイメントとして、いつの時代にも繰り返し繰り返し語られ、印刷されるものとして生き続けるものがあると思う。これらが立脚している「人間の次元」を読者にはしっかり見ておいてほしいな。結論めいたことを言えば、正統科学に対して異端科学というか反科学の思想が、やっぱりなきゃいかんのだわ。

注

1　【編注】『別冊歴史読本特別増刊50　禁断の超「歴史」「科学」』（新人物往来社、一九九四年）。

2　【編注】サイラス・R・ティード（一八三九〜一九〇八）。一八六九年、凹面地球説を提唱。後にはコレシャン・ユニティというコミューンを設立した。

3　ジョージ・アダムスキー（一八九一〜一九六五）。一九五三年に *Flying Saucers Have Landed*（邦訳『空飛ぶ円盤実見記』［高橋豊訳、高文社、一九五四年］）を発表。いわゆるUFOコンタクティーの代表格。

4　一八七九年、メアリー・ベーカー・エディ（一八二一〜一九一〇）によって創立されたキリスト教系信仰治療の一派。エディはニューソートのクインビー（後出）から大きな影響を受けた。

5　ジョージ・H・ウィリアムスン（一九二六〜八六）。アメリカ五〇年代の代表的コンタクティーのひとり。『宇宙語・宇宙人』（増野一郎訳、宇宙友好協会、一九六一年）などの翻訳がある。

6　ブラヴァツキーは七という数を重視した。たとえば、人間は地球において七つの「根源人種《ルート・レース》」の形態をとって進化していくという。

7　フィニアス・パークハースト・クインビー（一八〇二〜六六）。最初は透視霊媒を使った治療を行なっていたが、治療家の精神力の効果に気づいてニューソートの起源となった。

8　【編注】ヴィルヘルム・ライヒ（一八九七〜一九五七）。元はフロイト派の精神科医。オルゴン・エネルギーという根源的な生命エネルギーの実在を唱え、オルゴン集積器、オルゴンを放射するクラウドバスターなどを製作した。

9　ギリシア時代の医学の一派では、人間の肉体は呼吸する空気、「精気」すなわちプネウマによって左右されると考えられていた。

10　【編注】晩年のライヒは頻繁にUFOを目撃したばかりか、クラウドバスターを用いて撃墜したと主張した。

11　ユスティヌス・ケルナー（一七八六〜一八六二）。メスメリズムを大幅に採用したドイツの医師・詩人。一八二九年に *Die Seherin von Prevorst*（『プレフォルストの女予言者』）を刊行、後の心霊ブームの先駆となった。
12　あるいはＥＶＰ（Electronic Voice Phenomenon）とも呼ばれる。ダイオードやＦＭ受信メカニズムなど、多くの電気的〝霊界の声〟受信装置がある。
13　フリードリッヒ・ユルゲンソン（一九〇三〜八七）。スウェーデンのオペラ歌手、画家。一九五〇年代に鳥の声を録音したテープに男の奇怪な声が入っているのを発見。その後、同様の声をラジオ録音に発見した。重要なのは、録音中には聞こえず、プレイバック時に聞こえる点。
14　コンスタンティン・ラウディヴ（一九〇九〜七四）。ラトヴィア生まれの超心理学者。一九六八年、電気的霊界通信の書 *Unhörbares wird hörbar*（『聞こえないものが聞こえるようになる』）を出版した。詳細は井村宏次著『スーパーサイエンス』（新人物往来社、一九九二年）第一二章「エレクトロニクス装置は、〝霊の声〟を受信したか」を参照。
15　リチャード・シェイヴァー（一九〇七〜七五）。アメリカの作家。一九四四年以後、米国のＳＦ誌『アメージング・ストーリーズ』に地底人「デロ」（有害なロボットの意）に囚われた恐怖の体験を発表。現実か幻想か大いに話題を呼んだ。【編注】シェイヴァーについては、稲生平太郎「ログフォゴあるいは「岩の書」」（『定本　何かが空を飛んでいる』〔国書刊行会、二〇一三年〕所収）を参照。
16　【編注】ウィルソン・ブライアン・キイ（一九二五〜二〇〇八）。アメリカの著述家。サブリミナル広告やサブリミナル・メッセージなど、マインド・コントロール技術に関する数冊の著作がある。
17　酒井勝軍（一八七四〜一九四〇）。〝日本ピラミッド学〟の開祖。キリスト教研究から日猶同祖論に傾斜、一九二九年以降『竹内文献』の研究に没入。一九三四年、広島県に「葦嶽山ピラミッド」を〝発見〟する。著作に『モーセの裏十戒』（国教宣明団、一九二九年）、『太古日本のピラミッド』（国教宣明団、一九三四年）等がある。
18　明治以降に簇生《そうせい》する異端の歴史書。学界では偽作とされている。一九三〇年代にその「研究」が盛んとなった。現在でも在野には少なからずその信奉者が存在する。概して神武天皇以前の長大な歴史を語るものが多い。『上記』『竹内文献』『富士文献』『九鬼《くかみ》文献』などが比較的知られている。

19 【編注】この箇所の発言は井村ではなく吉永による可能性が高いと思われるが、確証が得られないので初出のままとした。

20 小谷部全一郎（一八六八～一九四一）。ジンギスカン＝義経説を大成した『成吉思汗ハ源義経也』（冨山房、一九二四年）を発表したことで知られる。ユダヤの「失われた十支族」のうちマナセ族とガド族の渡来を説いたのは一九二九年『日本及日本国民之起源』（厚生閣、一九二九年）においてである。

21 【編注】この点については、横山茂雄「物語としての同祖論の「起源」」（『定本　何かが空を飛んでいる』所収）を参照。

22 【編注】エドウィン・V・グレイ（一九二五～八九）が開発したフリーエネルギー装置。

23 パラマハムサ・テワリ（一九三七～二〇一七）。インドの電気技術者。空間につまった未知エネルギーを電力に変えて取り出す装置を発明した〝前衛〟科学者。セオソフィスト。著作に *The Space Vortices of Energy and Matter*（『エネルギーと物質の空間渦動』）（一九七八）などがある。【編注】テワリについては、井村宏次『スーパーサイエンス』第一九章「人類の夢！　フリー・エネルギー発電機完成す」を参照。

24 【編注】清家新一（一九三六～二〇〇九）。ＵＦＯ研究家。逆重力機関の製作等を行なう。

25 【編注】イマヌエル・ヴェリコフスキー（一八九五～一九七九）。ロシア生まれのアメリカ人。精神科医。彼は地球が他の惑星と接近することによって古代に天変地異が惹起されてきたと唱え、著書の『衝突する宇宙』（鈴木敬信訳、法政大学出版局、一九五一年［原著 *Worlds in Collision* (1950)］）は世界的に大きな反響を呼んだ。

26 【編注】チャールズ・ホイ・フォート（一八七四～一九三二）。アメリカの超常現象研究家。フォートの人気が高まるにつれ、超常現象をフォーティアン現象とも呼ぶようになった。

人類を呪縛してきたオカルト衝動

井村宏次

人間のニーズが秘密を解く鍵

オカルトという言葉は霊感、霊視商法、悪徳宗教、そして医事法規に違反した治療行為に関係して語られることが多い。また、この世にはありえないはずの幽霊や怪奇の現象、UFO、あの世と生まれ変わりなど、ありとあらゆる不思議のごみ箱を総称する言葉でもあるようだ。要するに、それらは人間社会にはびこる精神の汚れものであるといいたげなのである。「ごみ箱」を別の言葉で表現すると「迷信」ということになる。

いまいましげな〝識者〟の舌打ちが聞こえる。

しかし、〝オカルト〟はそれほどまでに汚らわしいものなのだろうか。どうでもよい社会の不用品であるがゆえに、全力をあげて排除すべき対象なのであろうか?

その一方で、ありとあらゆるメディアはオカルトそのもの、あるいはオカルト臭がただよう情報を飽くなき精力を注いで供給しつづけている。もしオカルトが悪しきものであるなら、この国のメディアは知的な啓蒙主義をとっくに放棄しているのだ。需要は供給を生む。この普遍的な原理はマスコミ界にも働いているのだ。大衆のニーズを汲みあげるメディアのシステムは、今日かつてないほどの完成度をみせている。テレビ、ラジオはいうに及ばず、雑誌と書籍、パソコン・ネットワークなど、あらゆるメディアは大衆のオカルト・ニーズに競って応えているのである。

〝科学技術万能のこのご時世に……〟という識者の溜め息が聞こえる。

では、なぜオカルトが悪いのか。悪いというのは彼らの嫌悪感を表明したものにすぎないのではないか。そもそも彼らの理解しているオカルトとはいったい何なのか。なぜ民衆の心はオカルトに向かい、識者はそのどこに危険を感じるのか、西欧の状況はどうなっているのか。これらのことを論じるには一冊の本をもってしても不可能であろう――いや万巻をもってしても。だがオカルトに関しては、それが否定的であれ肯定的であれ、もっと論を交わすべきであろう。というのも、メディアに氾濫するオカルト情報は否定的立場をとる識者以外の民衆全体の意識的、無意識的ニーズをそのまま反映しているにすぎないからだ。

この民衆、すなわち〝人間〟の強大なニーズこそが人間の深奥に隠された秘密を解きあかす鍵なのである。オカルトは、この深奥部の衝動を誘発する作用力として働くのだ。それを真に正しく理解することこそが大切なのであって、頭ごなしの否定をくりかえしたからといって、霊感、霊視商法、悪徳宗教、邪悪な呪術行為などの誘いかけにのる人を救うことはできないし、まして撲滅することなど不可能に近いであろう。筆者はオカルトを全否定する立場にはいない。だからといって全面的に肯定するわけでもない。否定、肯定という局面からものをみるのではなく、人類史の中でオカルトはいつの時代にも場所にも存在した（そして存在してきている）という立場から、この社会的ないしは人間的な現象をとらえるべきであると考えているのだ。

つまり、歴史上の事実と現代のオカルト状況からみるかぎり、人間存在とオカルトは切っても切れない関係にあるのである。そして、この両者の不離の関係から、われわれの内奥にはオカルト事象を生み出し数千年にわたって存続させてきた〝衝動〟が秘められていると考えざるを得ないのだ。

その衝動を「オカルト衝動」と呼ぼう。

日本と西洋で異なるオカルトの意味

さて、そのオカルトであるが、この言葉の意味は時代とともに変遷してきた。書き記すうえの混乱を避けるために、ここでとり扱う意味の範囲をおおまかに示しておきたい。

この言葉が広く用いられるようになったのはそう古いことではなく、本来は隠された（古代の）知恵を指していたのである。すなわち、この奥秘《おうひ》に接近し得た者だけが窮極の真理を手中にすることができるというのだ。しかし、二〇世紀以降には、そこに英国を主としたスピリチュアリズムやヨガ、チベット密教などのペイガニズム（異教）も含められるようになった。日本においては、コリン・ウィルソンの大著『オカルト』（中村保男訳、新潮社、一九七三年）が出版されて以来、この言葉が広く知られるようになった。ウィルソンは同著において、オカルトを〝人類が追求してきた謎のパワー「X」〟の追求史としてとらえている。「X」が現代物理学のいう電磁波エネルギーを指すのではなく、現代物理学的な技術によっては直接に検知できない〝宇宙エネルギー〟的なものであることは記すまでもないであろう。それは、錬金術や魔法の背後に潜んでおり、奇跡をひきおこす未知のエネルギーであったというのだ。

だが、コリン・ウィルソンのアプローチ法は必ずしも研究者を代表するものではない。筆者の手もとには二冊のオカルト事典がある。ひとつはジュリアン・フランクリンが編集した『オカルト辞典』（Julian Franklyn, ed., *A Dictionary of the Occult* [Causeway Books, 1973]）[1]、および、ルイス・スペンスの『オカルティズム事典』（Lewis Spence, *An*

Encyclopedia of Occultism [Citadel Press, 1993][2]。

前者は分野別に項目が組んであり、それぞれ第一人者が執筆を担当している。いまここに各分野を摘記すると、次のようになる。

錬金術
占星術
黒魔術
仏教のオカルティズム
中国のオカルティズム
悪魔術
イギリス文学とオカルト
妖精たち
幽霊
オカルト思想の歴史
幻影と幻覚
インドのオカルティズム

オカルティズムと文学
古代ギリシアとローマのオカルティズム
心理療法と心霊現象
スピリチュアリズム
吸血鬼
狼人間
白魔術
魔法

これによって編者フランクリンの考えていた〝オカルト〟の内容が知れるであろう。要するに、正統的キリスト教以外の超自然的現象、心霊現象、西洋的呪術、ペイガニッシュな宗教と呪術などが包括されるのである。彼の考え方は現代の西洋において広く妥当するようだ。ここに含まれていないUFO等は奇現象《フォーティアン》に分類されることが多い。また、日本でいう超能力は心霊現象に包括され、オカルトとは別個に扱われていることが多い。というのも、この分野はしばしば科学的な研究（主として心理学）の対象にされるからである。このようにみてくると、日本におけるオカルトの意味の特異さがきわだってくる。この国では、反科学的、非科学的な事象をすべて〝オカルト〟という言葉に放りこんでしまう。別な言葉でいうと〝迷信〟的なものはすべてオカルトなのである。しかし、ほとんどの宗教に対してオカルト、あるいは迷信であるとはいわない。非科学的の代表選手こそが宗教であるというのに。一部に科学と宗教はいつか出会うという甘言を弄《ろう》する向きもあるが、科学界が神を認める日など絶対にくるわけがない。個々の科学者が信仰をもつとき以外は。

オカルトという言葉の意味に対する東西の相違は、すなわち文化と尺度の異なりを表明しているのだ。西洋における〝公認〟の宗教はキリスト教のみであり、他のすべては異教にしかすぎない。それなら西洋人の全員がキリスト教を信奉すればよいと思うが、歴史が示すように教会は異教徒とオカルトに手を焼いてきたのだ――異教徒とオカルティストに対して教会は拷問と死刑をもって対処してきたにもかかわらず、オカルトという異物をとり除けなかったのである。つまり、正統キリスト教の伝統と教義こそがオカルトを判別する尺度であったのだ。後でみるように西洋において、科学が進歩したからオカルトが衰微したのではない。それどころか科学全盛のこのご時世に、オカルトの花は過去の諸世紀にも増して毒々しく咲き乱れているのである。

前述したように、日本においてはオカルトなるものを判別する尺度はキリスト教でもなく西洋文明でもないのである。科学的フィーリングともいうべきものに合致しない事象に対して、一方的にレッテルを貼りつけているにすぎないのだ。このことは、後でもう一度考えてみるが、政界がムラ政治のレベルをいつまでたっても脱せないように、〝オカルト〟といい民主主義といい、その歴史的背景が真に理解体得されることなく、〝日本式〟の中で機能している現状は悲しい。ここらあたりが異文化移植の限界なのであろうか。

　この小論においては、オカルトをその個々の分野や現象に限定してとらえるのではなく、西洋の研究者たちがいうように、オカルティストたちはこの現象の背後に自然と超自然を一貫する体系の存在を想定してきたという立場に同調したい。オカルティストたちは前述のフランクリンの分類にみられるような奇怪な術を実践し、あるいは異教の中に分け入って唯ひたすら〝真実の光〟を求めつづけたのである。この人類史の裏側にある勢力は今日、最終的なゴールに到達したとはいえないが、研究者K・セリグマン[3]もいうように「科学研究への刺激を含み」「実験と思考するための刺激」となり、「呪術は人間を恐怖から解放し、人間に世界を支配する力のあることを感じさせ、想像力を鋭敏にし、より高い業績への夢を持たせた」のである（K・セリグマン『魔法――その歴史と正体』〈平田寛訳、平凡社、一九六一年〉）[4]。

セリグマンの結論は西洋の冷静な研究者に共通するものである。日本の一部の批判者が声高に、超心理現象の多くは手品や幻覚説、暗示説でも説明できる（したがって真実ではない）と力説するような強引さはない。そのような論ではオカルトを〝撲滅〟できないことを先刻ご承知なのである。オカルト史そのものが血の中に流れている者ならではの妥当な結論であるといえよう。

〝真実の光〟を求める者たち

今日、〝古代のオカルティスト〟と規定されている人々は、見える世界と見えない世界をとり結ぶ原理を発見すべく努力を傾けてきた。

メソポタミアの呪術と占星術、ペルシアのゾロアスター教、ヘブライの古代宗教、ギリシアとローマの錬金術と宗教などは後世のオカルティストたちの聖典となったのである。メソポタミア起源の占星術は現代にも生き、楔形文字は長い間、その意味が不明であるという理由（！）から長期にわたって護符として用いられたのだ。また、［開祖の］ゾロアスターは錯綜した古代宗教を整理し新しい枠組みを提出した。彼は古代宗教のいう善と悪の精霊の世界にとどまらず、その本源に到達したのだ。つまり、光の王（アフラ＝マズダ）と闇の王子アーリマン（アングラ＝マイニュ）をヒエラルキーの頂点におく彼の〝予言〟は、その後、キリスト教、グノーシス派[5]やイスラム教の中にさえその影を落としているのである。今日、キリスト教とイスラム教がよく似ているといわれるのは、両者がその体系の中にゾロアスターの教えを編み込んでいるからに他ならないのである。

　ゾロアスターの教えを内包するグノーシス派はその後、異端のカタリ派[6]、アルビ派[7]を輩出することになる。そして両派はキリスト教会の恐るべき迫害をこうむるにいたった。中世、キリスト教を世界教にまでおしすすめつつあった教会は、その教えに背く者たちの動きにきわめて神経質になっていた。とりわけ、カタリ派、アルビ派に対しては殲滅《せんめつ》宣言をもって臨んだのである。

　いわゆるアルビ十字軍はこの目的のために編成されたのである。いまやローマの法皇庁は謀叛《むほん》を許さぬ強大な教権をバックに〝世界政府〟として機能していた。法皇インノケンティウス三世（在位一一九八〜一二一六）は一二〇八年、アルビ十字軍を結成するよう

『錬金術師』（ピーテル・ブリューゲル作）。16世紀の錬金術師の仕事場

命じ、以後二〇年にわたってアルビ派、カタリ派の撲滅作戦を決行した。こうして数万とも数十万（もっと多かったかもしれない）ともいわれる異端教徒の生命を奪ってキリスト教史上最大の異端事件は終焉《しゅうえん》したのである。その後、カタリ派はその堅信とキリスト教とは異なる善と悪との二元論を奉じていた事実から、現代にいたるまでオカルティストたちの関心と信奉を集めている。近代において、ナチ幹部のうち、もっともオカルトに傾倒していたヒムラーは、カタリ派が全滅前に遺したといわれる秘宝探しに狂奔している。[8]

こうしてキリスト教会は、ローマ時代以降血の制裁をくりかえすことによって全ヨーロッパをその〝領土〟に収めたのである。カタリ派以降、組織的な異端事件は影をひそめた。しかし、教会が次のターゲットと目したのはオカルティストであった。よく知られているように最大の目標は〝魔女〟たちである。しかし、研究者によると、魔女狩りは必ずしもカタリ派の後に始まったのではない。教皇自身が魔女狩りに直接加担するのはヨハネス二二世の教書（一三一七年）以後であるが、東ゴートと西ゴートにおいては五〇〇年ごろに王の命により、「魔術を使う祈祷師は死刑（斬首?）に価すると宣告されている」（ヒ

追放されるカタリ派の人々

ルデ・シュメルツァー著、『魔女現象』（進藤美智訳、白水社、一九九三年）。また、「五〇〇年頃に起草されたフランク王国最古の法律書『サリカ法典』では、魔術を使った毒殺者には火あぶりの刑が妥当とされた」（同書）のである。

以上みてきたように、有史以来、人類は世界、あるいは世界と人間の関係を知ろうと腐心し、数々の宗教と呪術を生みだしてきた。それは見える世界（自然）の上位に見えざる神の世界を想定する試みであったのだ。この飽くことのない血のにじむような努力は、いったい何が故に営まれてきたのであろうか？　また、早くもメソポタミアに完成をみた占星術は、今日的なたんなる〝占い〟レベルのものではなく星と数の神秘力という見えざる法則をもとにした学問であり、神学、予兆術でもあった。また、人相術、手相術、骨相術、ほくろ占いなどの諸占術、悪魔祓いをルーツにする霊媒術、神との交信を行なう巫術《ふじゅつ》もまた、早くに行なわれていたのである。

ところで、次項にみるように数百年にわたってつづいた理不尽で恐怖にくまどられた魔女裁判は当時の人びとにとって衆知であったはずなのに、何故に次から次と魔女や呪術者が登場し、むざむざと処刑されていったのであろうか？　古代においてオカルトは学術であり、科学《サイエンス》（つまり知識）であった。しかし、記録されているところによると、キリスト教域の拡大にともなって、それらは〝迷信〟、邪悪な知識、サタンの働きであるなどと決めつけられ、異端とないまぜになりつつ粛清の対象にされたのである。

しかしながら驚くべきは、目前に死刑がちらついていようとも、あくまで異教的な真理探究をやめようとせず、また教宣の努力を欠かさなかった一群の人びとのパワーが七〇〇年にもわたって持続されたことである。彼女（彼）らを喚起してきたのは、宗教的、呪術的信念の強烈さであっただろう。前述したように、西洋におけるオカルトとは非キリスト教的な教説であり術である（ただし多くのオカルティストは教会の迫害を恐れ、キリスト教的な色彩をつけ加えている）。したがって、彼らが信念を貫くには大変な努力とパワーを要したはずだ……、あるいはこうはいえないだろうか——彼らの信念もさることながら、彼らを真に動かしていたのは、人として〝真実の光〟に向かわせる衝動的なパワーではなかっただろうか？

それは、盲目的であるとしかいえない無意識下のパワー——オカルト衝動であったと思われるのだ。その証拠に、カタリ派以降、教会の迫害をもろにこうむったのは、魔女であると名指しされた〝一群の女性〟であったのである。魔女狩りに捕らえられた者の八〇パーセントは女性であったという。かつて女性たちは大地を支配する母神

魔女として火刑にされる３人の女性（16世紀ドイツ）

あるいは女神と交感する有力なシャーマンとして古代社会に立ち現われた。それはひとえに彼女たちが豊富なオカルト的資質を保有していたからである。異端を許さぬ強力な教権政治のもと、過度な鬱屈が彼女たちのオカルト衝動をゆさぶって魔女への道を歩ませたと思われるのである。

恐怖に満ちた魔女の時代

キース・トマスは『宗教と魔術の衰退』（荒木正純訳、法政大学出版局、一九九三年）の中に、中世以来イギリスの民衆社会に隠れ住んでいた民間のオカルト実践家を多数登場させている。その名称を挙げておくと、

(1)ワイズ・ウーマン（女魔術師）
(2)ウィッチ（魔女）
(3)ソーサラー（魔女使い）
(4)チャーマー（魅惑者）

(5)インチャーター（魔法をかける人）
(6)ミラクルドゥアー（奇跡を行なう人）
(7)ドリーマー（夢想家）
(8)スーセイアー（予言者）
(9)ネクロマンサー（死者と交流する占者）
(10)コンジューラー（呪文を用いて悪魔を呼びだす者）

……等々。

ふつう魔女というと、ウィッチという単語しか思い浮かばないわれわれは、これらの多種多様のオカルティストが存在していたことに驚かされるだろう。ここに記していない各種の占いを行なった人びとは、それはそれで専門別の通称をもっていたであろうから、イギリス社会へのオカルトの浸透度はきわめて高く、〝魔女〟たちは秘密の隠れ家に住んでいたのではなく町や村々の隣人の中に入り混じって住んでいたとみてよい。オカルティストたちは日常的に活動していたのだ。

ヒルデ・シュメルツァーによると、古代ヨーロッパには女神ディアーナ[9]と結びついた異教的祭儀の伝統があったという。ディアーナを信奉する女たちは「夜、こっそりと飛行し、また特定の夜に集会をもっていた」と古文献は伝えている。この〝悪い女たち〟の空想的な行為は、後年、教会による魔女裁判において魔女であると断定する材料に用いられたのである。多くの研究者がいうように、魔女が異端審問にかけられるようになったのは一〇世紀以降である。カタリ派が全滅してから魔女狩りは徐々に熾烈《しれつ》さを増していき一六世紀の魔女狩り旋風の時代を迎えることになったのだ。そのきっかけとなったのは魔女の邪悪さを告発する書物が次々と現われたからである。たとえば、数世紀にわたる大ベストセラーとなったヤーコプ・シュプレンゲルとハインリヒ・クラーメルという二人の異端審問官の著わした『魔女の槌』（一四八六年）は三部から成る大著で、「魔女裁判官必携の、理論と実践両面にわたるまさに『魔女のすべて』であった」という（森島恒雄『魔女狩り』（岩波書店、一九七〇年））。ちなみに、第一部は「妖術に必要な三要素、悪魔、魔女、および全能の神の許可について」と題され、「男色魔と女色魔は子供を産ませうるか」「悪魔と性交を行う魔女について」等、昔からうけつがれている魔女の行為を列挙して「それが伝承的な迷信ではなく、異端的な事実

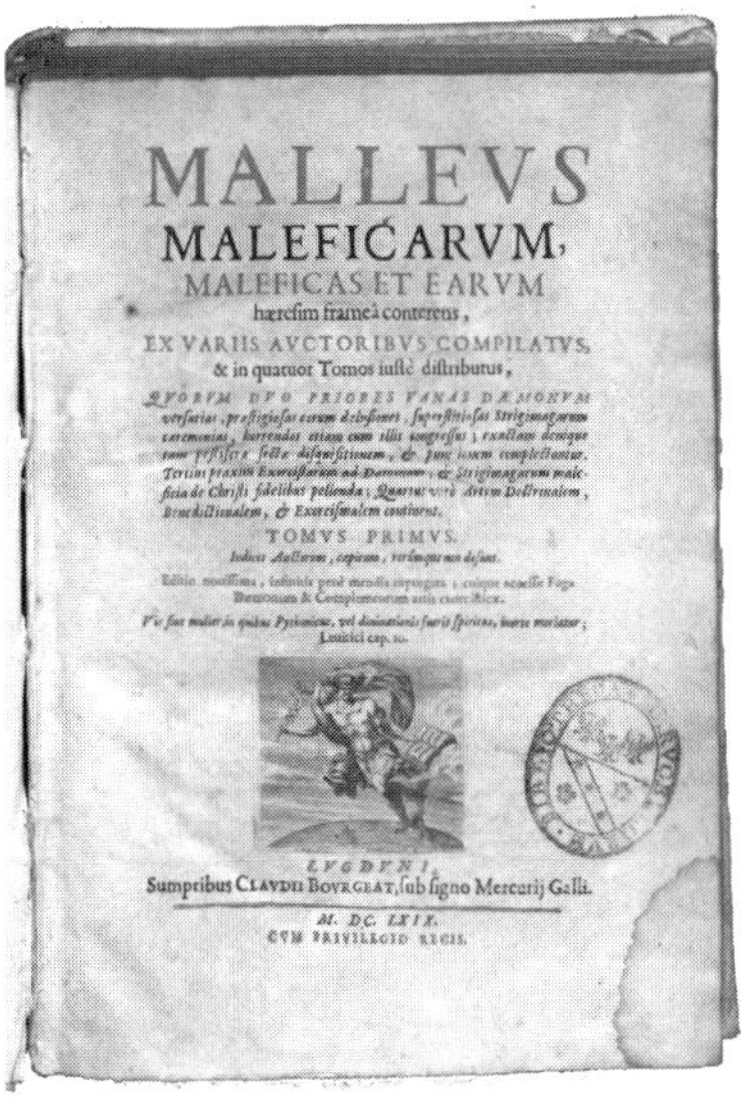

『魔女の槌』扉頁

であることを立証している」のである。

また、第二部は「魔女が妖術を行う方法、および、その方法を無効ならしむる手だて」について述べ、〝空を飛ぶ〟〝悪魔と性交を行なう〟〝第三者を性的不能や不妊症にする〟〝男の性器を奪いとる〟〝人間を獣に変える〟〝嵐や雷や雹《ひょう》によって人畜に被害をあたえる〟などの妖術の内容がみえている。つづく第三部は「魔女及びすべての異端者に対する教会ならびに世俗双方の法廷における裁判方法について」であり、「裁判の開始、尋問、判決……などについて詳細な指示と助言が与えられ」ているのである。

何という理不尽な！　と、今日嘆いてみてもはじまらない。〝魔女たちは悪魔と結託して悪を行なう〟と『魔女の槌』が規定して以後、魔女と目された不幸な女性たち（男性の妖術使いもいた）は何世紀にもわたって殺されつづけたのである。記録によると、拷問によっても自白しないため三〇年間も幽閉された例も少なくなく、長期にわたる牢獄生活のため足が腐って法廷にも立てないまま獄死する女性も多かった。強要される自白、すさまじい拷問、架空の証人、でっちあげの共犯者、魔女マーク（悪魔と結託したしるしとして身体につけられたマーク）を発見しようと裸体にするばかりか身体中に針を刺す……など、これはもはや裁判とはいえない。なにしろ、そのマークというのが悪魔の爪によってつけられたもので、多くは乳房か陰部にあり、兎、蛙の足、クモ、仔犬、リス、ネズミなど形が一定していないというのだから。針刺し役として多くの医者たちが動員されたのである。

魔女狩りはプロテスタント（新教）が発祥してもおさまらず、それどころか新教徒もまた盛大に魔女狩りを行なったのである（前出『魔女狩り』）。

恐怖の魔女の時代が終わったのはなんと一八世紀に入ってからであった。最後の魔女裁判はイングランドにおいては一七一七年に、フランスでは一七四五年、そしてドイツは一七七五年に、イタリアは一七九一年に、それぞれ終結したという。犠牲者の数は研究者によってまちまちである（三〇万人＝クルツ、数百万人＝ゾルダン、九〇〇万人＝ガードナーなど）。世々のあらゆる宗教は強い他宗への排他性をもつ。それにしてもキリスト教の世界宗教志向は群を抜いている。この驚くべきパワーは現代にも生きつづけ、宣教師たちは今日も文明のシンボルである衣類を片手に、近代文明といまだ出会っていない未接触部族との出会いを求めてニューギニアやアマゾンの最奥部へと踏み込んでいくという。そこには、荒々しい異教呪術をもって霊的武装をした原住民たちが待ちかまえているのである。宗教といい呪術といい、霊性に作用する心的活動は燃えるばかりの〝内的な熱狂〟を生みだす。未開の地にのりこんでいく宣教師たちを支えているのは、この内的な熱なのだ。

この内的な熱が教会をして異端狩り、魔女狩りに向かわせたのである。同じく、拷問に屈せずほとんどの信徒が生けるままで火あぶりの木組みを登っていったというカタリ派の人びとの心の中にも、現実の火刑の熱気への恐怖を忘れさせるに十分な内的な熱狂が存在したことだろう。魔女たちの多くは濡れ衣であると叫んだが許されなかった。教会と国が七〇〇年にもわたって魔女狩りを決行しつづけたのは、民衆の間にオカルトが存在しつづけたからに他ならない。そしてそれは断固として排除すべき対象であったのだ。

人類を駆りたてるオカルト衝動

処刑された魔女の数が研究者によってまちまちなのに対し、魔術がなぜ衰退し魔女狩りがなぜ終わったのかについて、その理由は一致している。それは科学の進歩によってでもなく、合理主義が普及したからでもない。ただ「いつとはなしに衰退していった」のであるという。キース・トマスによると、合理的姿勢はガリレイやニュートンよりもずっと以前、一六世紀の思想家、ピエトロ・ポンポナツィ[10]によって唱えられていたし、アリストテレスやヒポクラテスでさえそうであったという。オカルトに病気治療の奇跡を託すという民衆の熱意が薄れていったのは、医学上の有効な技術が到来する以前であったし、オカルト的呪術にとって代わる新技術が開発されたからでもない、とキース・トマスは記している。

要するに、一つの時代が終わったということではないだろうか。

聖職者とその意を受けて彼らの希望に沿う国王、魔女と呼びならわされた人びと、の三者の内的な熱が自然と冷めていったからではないだろうか。そしてまた、民衆のオカルトに対する期待も一時的に弱まったのかもしれない。宗教と魔術の衰退は同時に一つのインターバルの到来であったのだ。教会と魔女裁判は互いに知らんふりをして今日にいたっているのである。

ただし、ヒルデ・シュメルツァーは次のような少々異なった見解を示している――「魔女裁判は十八世紀にしだいに下火となっていったが、その一方でこの啓蒙主義の時代には、抑圧された、感覚的で大地的な、陶酔的、オルギア的要素を十分味わうための新しいはけ口が見出された。すなわち、いわゆる『黒ミサ』である」（前掲書）。

つまり、悪魔主義を正面に押し出した新しいオカルト・ファッションが誕生したというのだ。彼女はヨーロッパの精神的宗教的風土は父権的であり、男性優位によって女性が魔女や鬼神へと歪められていったととらえているのである。彼女は記していないが、この文脈でオカルトの流行の跡を点検すると、次の女性復権宣言は、かの心霊主義の時代に実験室の暗闇の中にどっかりと座りこみ、トランス状態下で数々の心霊的〝奇跡〟をやってのけた女性霊媒によって行なわれたのだ、と読み解けよう。当時（も今も）優秀な霊媒は圧倒的に女性が多く、彼女たちはまさしく近代のシャーマンに相当するのだ。

そして、当時の有名霊媒たちは魔女たちと同じく（ただし、この場合は懐疑主義者からの）攻撃にさらされたのである。

同じ状況は日本においても起こった。幕末に勃発した民衆宗教のうち、黒住宗忠《くろずみむねただ》によって立教された黒住教は明治早々に公認されたにもかかわらず、中山みきが創始した天理教はオカルト色が強かったためか、明治末期まで官憲とのせめぎあいがつづいたのである。また、東京帝国大学・心理学科助教授であった福来友吉は透視と念写現象を発見した（一九一〇年）と主張したが、彼が真正な能力者であると認めたのは長尾郁子《いくこ》、御船千鶴子《みふねちづこ》という二人の女性であり、二人は日本における初の〝公認〟霊能者であった。しかし、そのすぐ後の一九〇七年に千鶴子は自殺を遂げ、翌年、郁子もまた学会に賛否が渦巻く中、心労のため病を得て急死したのである。戦後まで、日本の精神的風土は儒教であったと考えられる。この点からヨーロッパと同じく日本もまた父権的社会であったのだ。そこに、明治維新による形だけの民主主義が到来し、抑圧されてきた女性たちのオカルト衝動は中山みきと出口なお（大本《おおもと》の教祖）の出現という形で爆発した。二人が〝御筆先《おふでさき》〟という心霊術的な才能を備えていたことに注目しておきたい。御筆先は儒教的教訓を伝えつつ新しい宗教的世界観と予言を核にしていたことも重要である。つまり、二人とその背後に存在する〝勢力〟は儒教的精神と父性に挑戦したのだ。つづく郁子と千鶴子の出現は、維新以後の社会を支配するであろう（物質）科学の進歩に対する歯止めであったのかもしれない。隠密の知［である］オカルトと理性の知である科学は対決を余儀なくされたのである。前述したようにオカルトの知は内的な熱（狂）によって支えられ、理性の知は〝冷静さ〟をその旨とする。日本人のホットなソウルとクールなソウルは正面衝突し、二人の女性霊能者はあたかも殉死するかのようにこの世を去ったのである。

中山みきと出口なお、この巨大な女性シャーマンの後継者が男性であったように、オカルト界においてもその後継者は男性であった。明治中期ごろから市井にくすぶっていた西洋伝来の催眠術は明治三〇年に入ると爆発的に流行した。そもそも福来友吉自身が「催眠術博士」と呼ばれる専門家であったのだ。この種の精神世界的なブームの常として、催眠術はしだいにオカルト色、すなわち催眠下におけるテレパシーや透視という危うい領域に突入していった。〝暗示〟は人間の透視能力を解放するというのである。一方、催眠を万能視し、あらゆる病気が治

中山みき(右)
出口なお(左)

ると誇大宣伝をする業者が日本のそこここにはびこり、政治はついに医師側の陳情を受けいれた形で一九〇八年、催眠の濫用を禁ずる警察犯処罰令を発するにいたった。しかし、この法令が効を奏したのもつかの間、催眠術は霊術と看板をぬりかえ以前にも増して殷賑《いんしん》をきわめるにいたるのである。「精神と霊を用いて癒されざる病なし」を合言葉に、前者を代表して精神学開祖を名のる桑原天然《くわばらてんねん》が、後者を代表する太霊道主元《たいれいどうしゅげん》こと田中守平《もりへい》という二大霊術家が登場するや、民衆は喝采をもって迎え明治末年以降、「霊術」の大ブームがまき起こっていったのである（拙著『霊術家の饗宴』心交社、一九八四年）[11]。

こうして日本人の心に潜むオカルト衝動は、つかの間の母性表現を経てふたたび父性表現の時代を迎えた。その後、霊術のブームは一九三〇年までつづき（［同年に］霊術禁止令ともいうべき警視庁令が発せられたのである）[12]、以後、新宗教のルーツの重要な要素となって自然消滅していった。しかしわれわれは、現代においても霊術の残り火をあちこちにみるのである。

ところで、西洋における魔女たちのその後はどうか？　ヒルデ・シュメルツァーは記している――「魔女は二十世紀においても死に絶えてはいない――まったくその逆である。すなわち、魔女はまさに勝利を収めているのである」（前掲書）と。現代、魔女運動は一つのルネサンスを迎えていると彼女はいう。「それは都市の知識階級から生まれ、無味乾燥な、合理的、実証主義的時代精神への反動として理解できる」のだ。「時代精神は新しいオカルト的な流れ」を生み、「西ドイツだけで二〇〇〇人の魔女もしくは魔術師が、新たなクレドを表明しているといわれ、イタリアにおいてはそれどころか約一〇万人の魔術師と女魔術師が組合を組織した」のだ。彼らはありとあらゆる占いの術と霊媒術を国中にばらまいているのである。

この状況はイギリスにおいてもアメリカでも変わらない。また、十分に近代化されていない国々では土着の呪術的宗教が近代諸国に増して盛大であることは記すまでもないであろう。

以上、この小論においてスケッチしただけでも、その社会が古代であれ現代であれ人間集団はいつも新手のオカルトの術や体系を生んでおり、彼らの伝統は教会の拷問や死刑をもってしても絶やすことはできなかったし、近代科学を背景にした〝啓蒙〟もまた無力であったことが明白である。まさしく人類はオカルト衝動を秘めた生物なのであって、この衝動に駆りたてられあるいは呪縛されてきたのである。

死罪をもってしても消滅されることのできなかったオカルトの営為がお上のお下げわたし的な教育によって止まるであろうか？　こうした沼正三的なハイ・カーストの努力は[13]無力であろうと思われる。そんな空しい努力をつづけるよりも今必要なのは、オカルト発現の背後に存在する無意識下の衝動を認め、それをいかに飼いならすかを研究すべきであろう。というのも、この衝動がいきすぎると必ず「毒」を生むからである。教会による魔女狩りはこの宗教の汚点であり、ヒトラーのオカルト臭のただよう政治は強力すぎる毒をまきちらしたのである。教会とヒトラーの誤ちは、それぞれが異なったオカルト衝動のねじれ現象であったと思われる――現代の強硬な懐疑論者もまた、ある種のねじれを抱えこんでいると思われるように。

この意味で、大正~昭和期に識者によって推進された「迷信撲滅運動」をここでふりかえってみる必要があろう。

解かれたオカルトの封印

前項で記したように、明治維新はありとあらゆる舶来文化の流入を許容した。知識人たちはまるで飢えた狼のように文化という食料を食ったのである。そして、その中にメスメリズムや心霊研究、スピリチュアリズムもあったのである。かの南方熊楠《みなみかたくまぐす》もロンドン遊学中に心霊研究や神智学《セオソフィ》を知ったが深入りすることはなかった。彼はそれらの研究方向や目指しているものが浅薄であることを見抜き、人間と自然、そして不可視の仏界をつなぐ輪の存在を直観しこの二つを捨てた。[14]

　そして、各人は自分の性向に合致した思想や科学分野の専門家となって、今度はその分野の啓蒙に力を入れた。こうして、催眠術においても福来友吉はじめ小野福平、村上辰午《たつご》郎《ろう》、中村古峡《こきょう》らの専門家が生まれ、心霊研究では高橋五郎、澁江《しぶえ》保《たもつ》らが開拓者となった。だがその一方で近代科学の驚異的な発展を伝える情報に触れ、これこそが真理であるとの確信を深めた人たちもいたのである。当時、理学者と呼ばれた人びとは、とりわけ物質の根源は原子であるという発見と天文学という分野において宇宙の解明が進んでいるという情報に胸の高鳴りを覚えるのであった。

　こうして、後に両者が〝ひとつの真理〟をめぐって衝突する下地が完成したのだ。それも無理はない。心理学や催眠、心霊研究などは到来の初期においてはいっしょくたに扱われていたのである。日本初の心理学雑誌『心理研究』にはこっくりさん、プランセット（心霊術で用いられる自動書記の補助具）の記事と人格転換や諸民族の優劣論の研究が同居していたのだ！　当時の〝心理学〟は、そのそれぞれが真理につながる可能性があるかどうかはともかく、メスメリズムや催眠、心霊研究が本場西欧においてオカルトであるという根強い偏見にさらされていることを肌で感じることができなかったのである。ただひとついえることは、理学者たちが「外的宇宙」の解明に熱い思いを抱いていたのに対し、心理学者たちは人間の「内的宇宙」への探検を目指していたことである。そして当然に、両者が真に出会うことはありえなかったのである。この絶望的な齟齬《そご》は今日においても解決されていない。ユングの発見した無意識下の構造、たとえばアーキタイプは素粒子製ではないし、DNAが人間の肉体や心的傾向をどのように形づくるのかは謎である。それはともかく、かくて福来友吉の悲劇は生じたのだ。

福来事件を詳しく知りたい向きは、藤教篤《きょうとく》・藤原咲平《さくへい》『千里眼実験録』（大日本図書、一九一一年）を参照されるとよい。同書は科学史上の第一級資料として英訳が待たれる。東京帝大の総長を務めた理学者、山川健次郎は同書刊行に際して著者らに信書を与えている。そこには（千里眼が事実かどうかを判定するのは）「心理学者の壟断《ろうだん》して研究すべきものに無之寧《これなくむし》ろ物理学者が最も適当なるかと拙生は確信罷在《まかりあり》候」とある。しかし福来は千里眼と念写は事実であると発表し、そして東京帝国大学を追放されたのだ。

日本人は本来判官《はんがん》びいきである。民衆の多くは理不尽な当局に憤り福来に同情した。連日、面白おかしく書きたてる新聞。憤りから念写能力者を発見して福来を助けようとする者まで現われた（高橋宮二『千里眼問題の真相』〈人文書院、一九三三年〉）。山川ら理学者は勝利したものの、民衆の心をつかみそこねたのは事実であった。その証拠に、民間の催眠術師や霊術家はここぞとばかりに活動を活発化し、大正期以後すさまじい「霊術ブーム」が巻き起こったのである。すでに政府は明治初年に「市子《いちこ》（霊媒）禁止令」「禁厭《まじない》禁止令」「修験道禁止令」を発していたが、それらはどこ吹く風、巷には霊術の看板のもとに、東西の占いをはじめ伝統的呪術、メスメリズムと催眠を日本風にアレンジした霊術など、ありとあらゆる呪術的治療法が地下から浮かびあがってきたのであった。社会制度の不備、医療技術と機会の乏しさ等の社会状況から民衆はいっせいにオカルトに走ったのである（前掲拙著参照）。

当然、詐欺まがいの霊術家も出現する。霊術ブームにオカルト衝動を刺激され、小さなカリスマが教祖として次々にデビューする。警察当局はそれらの団体を類似宗教と名づけて、取締りにやっきとなる。医師たちは、彼らが病人の医療機会を奪い職域を犯すとして大反発、当局に陳情をくりかえす。奇術研究家は赤裸々な内容の告発書を著わし（たとえば、石川雅章『奇術解剖——奇術家の見た霊術、邪教、奇蹟の正体』〈紀元書房、一九三六年〉）、医師たちも〝迷信〟を告発する書を次々と世に送るのであった（たとえば、野村端城『療病と迷信』〈人文書院、一九二九年〉）[15]。かくて「迷信」対「奇蹟」の仁義なき闘いは延々とつづくのであった……。

しかし、今こそ発言すべきときであるのに、理学者からの発言は筆者の知る限りほとんどなかった。福来を追放に追いこんだ書『千里眼実験録』の著者の一人、藤教篤はその後急死し、もう一人の藤原咲平ほその後気象学者となって生涯、千里眼事件のことは語らなかったという……。

こうして日本の学界には（それが科学的研究としての超心理学であっても）オカルトに属する超常現象にはふれずさわらずの〝空気〟的な封印がとりつけられ、一方、民間にあっては封印が開放され、ありとあらゆるオカルトの花々が戦前も戦後も咲き乱れているのである。民衆はオカルト衝動の催すままに自由奔放に行動し、恐ろしい毒を秘めたその衝動のことは考えない。当然、よくない商法にひっかかって大金を失う人もでてくる。加えて、マスメディアは直接的間接的なオカルト賛美をくりかえし衝動を刺激しつづけ、オカルト批判の学者はCMに登場してポーズをとる。民衆はそのことによって、彼の〝学問的主張〟を個人的な見解であると軽くパスし、オカルトの妖しい魅力に酔いしれる……。

何がどこまで真実でどこからが嘘なのか？　それを示してくれる人も尺度もありはしない。科学的とは、研究のデータを示すことではないのか。それもない（諸外国には大量の実験データが蓄積されている）。迷信撲滅運動が不毛であることは過去の歴史に示されている。もちろん、オカルト衝動をコントロールする方法は教えられていない。くりかえすが、民衆のニーズがすべてを呼びよせるのである。誰が誰をどう責める権利をもっているのだろうか？　テレビは時代を映す鏡である。それ自体を断罪することは難しい。

現代日本のオカルト状況を一言で表現するとカオスである。

しかし、考えてみれば明治維新の前も後も日本は他国と同じくオカルト大国なのである。これは、この世から不幸と病気が絶滅されないかぎり変わることはなさそうだ。そして、現代物理学は個人の人生上の不幸を解決してくれそうには思えないのである。

オカルトを延命させる体験談の威力

以上、筆者は人類をとらえて離さないオカルトなるものを歴史の中にみてきた、そして、そこに個人あるいは集団を鼓舞するオカルト衝動の実際を検証したのである。それはかつて加茂熊太郎が、「妖怪霊妙神秘」が自然界に「存在する事を想像し之れが恐怖の念に駆られたる結果が知らず識《し》らず幼稚なる迷信にくるしめらる、様になり」「近世に於る科学の進歩は早晩之等迷信を圧倒し征服すべき機運に向って居る」（加茂熊太郎『迷信と科学』〈国民書院、一九一七年〉）と記したような、たんなる楽観で消え去るものではないようだ。

というのも、オカルトを延命させている重大な要素は、巷で語られるオカルト体験者による体験談とそれにつながる噂なのである。考えてみると、これほど厄介なものはない。科学のいう客観的事実という要件に真っ向から刃向かう主観的体験談に対して、科学側は錯誤（「思いちがいだ」）、虚言（「うそだ」）、幻覚（「病的だ」）などの説明で対抗する。しかし、たいていの体験者は一種のリアリティを味わっているから納得しない。むしろ決めつけられた思いでよけいに吹聴する人もいるだろう。聴いている方は話し手のリアリティの強弱に反応し、内容を吟味することはあまりしない。

困ったことに、近代社会においては証拠を共に提出するというルールが衆知のことになっているから、たいていの体験者は何らかの証拠なり証人を用意しているものだ。この場合、暗示説や手品説が有効な場合ももちろんある。筆者は手品をたしなんでいるので、うまくいった場合の相手の反応は病みつきになるほど面白い。手品を習ったおかげで「聖者」といわれている人の奇蹟を面白く拝見できることもある。こんな場合、聖者の話の内容や目撃者たちの証言はパスして、一人の人間として見る、視線は顔にではなく身体の動き（とくに手）に注目するのがコツである。テレビで運よく奇蹟が放映されたなら、スロー再生をくりかえして行なうとよい。かりにも真実、事実が知りたければこれくらいの努力はしなくてはなるまい。手品研究家のアドバイスをもらってもよい。一番困るのは、聖者だからといって、有難がることである。カリオストロといい誰といい聖者をかたる面々は少なくないのだから。もちろん本物の聖者もいるだろう。しかし、その人は本物のオーラを放っており、たぶん手品的な奇蹟はみせないはずだ。

しかし、しかしである。巷で語られる無慮無数の体験談をすべて錯覚か虚偽であるといいきる勇気は筆者にはない。海外ではオカルト体験や超心理体験の科学的調査が数多く行なわれてきた。オカルト・カオスの状況を呈する日本ではごく少数の調査しか行なわれていず、しかも世にはほとんど知られていない。たとえばNDE（臨死体験）についても、日本における詳しい調査はない。海外ではこの現象が、死後の生命に関係するのではないかという見方をはらんでいることから活発に研究されている。しかし、NDEについてオカルト衝動の見地から重要なことは、それが死後の証明になるとか脳内の反応であるといったことではなく、体験者たちが口をそろえて同じ体験のパターンを語り、しかも彼らがNDEを体験したことによって、何らかの「平安」を味わっていることである。また少数のグループは逆に「地獄的な恐怖」を味わったことも重要だ。筆者の収集したささやかなデータもまた、このことを語っているのだ。NDE体験者の感想は、人は病み苦しんでいるということを示しているように思える。自分という〝存在〟の重さがもたらす不安感。生存期間の終わりを自覚したとき、人は何らかの解を得なければならない。この状況のもとでのみ覗きみることのできるもうひとつの自分の真実――自分とはいったい何なのか？

人生の意味や目的は何なのか？　人は自覚していようといまいと、このことを苦にして生きているのではないだろうか。それにフィットする答えを求めるひとつの心的活動のルーツ、それがオカルト衝動ではないだろうか。

普通のこと（つまり五官で収集できる情報）は分かっている、もっと別な答、もっと納得できる答、できれば自分と宇宙を一貫してとらえることのできる答——そんな解を求めて心はゆれ動く。そしてオカルト衝動が発動し、多種多様な一見〝非日常的とみえる体験〟が発生するのではないだろうか？　体験することは座標軸の異なった〝発見〟をすることなのだ。このようにして得られた個人の発見は、奇妙にも東西を問わず過去につみ重ねられてきたいく通りかの知の体系に一致するのである。

——その知の体系とは各宗教のドクトリンに共通するエッセンスであり、隠秘《オカルト》の知なのである。

それがたとえ科学的にみて幻想であっても、少なくともその個人の存在の中では信念の転換をもたらすのである。この個人の内部で起こった信念の転換に対して誰がどんな権利をもってけちをつけられるだろうか。人は平等、心は自由とはこのことをいうのではないか。もちろん、この新しい〝信念〟が虚偽である場合、そしてそれが商売のネタにされることなど決して許されないのである。われわれはもっと人を見る目をみがき、科学で判断できることはそうしなければならない。オカルト応用学にはあくまで慎重であらねばならないのである……。

注【以下はすべて編者による注】

1　原著は *A Survey of the Occult* の題名で一九三五年に刊行。

2　原著は一九二〇年に刊行。

3　カート・セリグマン（一九〇〇～六二）は、スイス生まれのシュールレアリスム系画家、オカルト研究家。

4　抄訳。原著は Kurt Seligmann, *The History of Magic* (Pantheon Books, 1948)。一九九一年に完訳版のカート・セリグマン『魔法――その歴史と正体』（平田寛［・澤井繁男］訳、人文書院）が刊行され、二〇二一年に平凡社ライブラリーに収録。

5　紀元二～四世紀頃に多様な発展を遂げた、キリスト教の異端分派。善と悪、霊と肉の二元論を唱え、「霊的知識《グノーシス》」の獲得によって物質的世界から救済されるとする。

6　一二～三世紀に西欧で広まったキリスト教の異端分派。グノーシス派と同様な二元論と徹底した禁欲主義を特徴とする。

7　南フランスを本拠とするカタリ派を指す。場合によっては、カタリ派全体と同義で用いられる。

8　ヒムラーは、カタリ派が原アーリア的宗教の伝統を保持し聖杯を守ってきたという説に魅了され、その方面の研究を援助した。横山茂雄『増補 聖別された肉体――オカルト人種論とナチズム』（創元社、二〇二〇年）を参照。

9　ローマ神話で樹木、豊穣の女神。

10　ピエトロ・ポンポナツィ（一四六二～一五二五）は、イタリアの哲学者。魂の不死性は理性では証明できず、信仰箇条に属すると唱えた。

11　一九九六年に同書の増補版『新・霊術家の饗宴』（心交社）が刊行された。井村宏次『霊術家の黄金時代』（ビイング・ネット・プレス、二〇一四年）も参照。

12　『新・霊術家の饗宴』第六章を参照。

13　沼正三の小説『家畜人ヤプー』（一九七〇）は、白色人種が独裁支配する未来の帝国が舞台で、日本人は「家畜」として隷属。

14　ただし、熊楠は、帰朝後の明治三〇年代後半より、サイキカル・リサーチの中心人物フレデリック・マイアーズの大著『人格とその死後存続』（一九〇三年）にかなり大きな影響を受ける。詳しくは、横山茂雄「「心界幽幻」のこと――南方熊楠とフレデリック・マイアーズ」（稲生平太郎『定本　何かが空を飛んでいる』〔国書刊行会、二〇一三年〕所収）を参照。

15　『療病と迷信』の版元である人文書院は「日本心霊学会」という霊術団体が母体で、野村端城は同社の編集者、著者として活躍。野村は医師ではないが、『療病と迷信』第一章は当時の京都帝国大学教授で高名な医学者だった藤浪鑑が執筆。「日本心霊学会」、人文書院、野村端城については、栗田英彦編『「日本心霊学会」研究――霊術団体から学術出版への道』（人文書院、二〇二二年）を参照。

オカルトという言葉の正体

——未整理な「経験」に貼り付けられたラベル

吉永進一

言葉は生きている

ふだん使っている言葉でも、厳密に定義しようとするとこれが意外に厄介なものだ。たとえば「宗教」という言葉、ふだんは気にしないで使っているが、これに厳密な定義を与えようとするとややこしい。イスラム教原理主義者もニューギニアの部族宗教も日本の禅宗も裏山のおコンコンさまも全部「宗教」と呼ばれているのだから。極端な話、一〇〇人の人間がいれば、罰当たりを差し引いて、八〇人くらいは「異なった」「宗教」理解があるのではなかろうか（まったく根拠のない数字ですが）。でまあ、こうした混乱を前にして選択肢は三つくらいある。

①「これのみが宗教、他は迷信、邪教なり」と断定する。民主主義にはそぐわない意見だが、この手のメンタリティーは非常にしぶといので、「元来」とか「本質」とかの言葉を使うとけっこう通用する。

②「元来はうんぬん」と昔話に逃げる。今はどうしたと突っ込まれると途端に腰砕けになるが、始まりを知るとモノが分かった気になるから不思議。

③「これこれが本質である」と本質論を展開する。これは学者の常套手段。ところが、この「本質」というのも負けず劣らずの百家争鳴状態で、「宗教の本質」から始まって、しまいには「本質」という言葉の「本質」は何かまで議論は及ぶ。なにやら賢くなったような気分は味わえる？

冗言はさておき、「宗教」に限らず現に生きている言葉を定義するのは厄介というより無理なのかもしれない（たとえば「日常」なんてどう定義します？）。本題の「オカルト」についていえば、もともとが得体の知れない言葉であるうえに、「宗教」ほども研究されていない。そんな言葉について広がりと本質を踏まえた定義を下すなど浅学非才の筆者にはどだい無理な話なので、ここではとりあえず「オカルト」（あるいはその類義語）の由来と、何人かの学者の定義を紹介したい。これという結論もでないし、賢くなったような気分さえ味わえないかもしれないが、オカルトの泥沼にはまる際の参考にはなるかもしれない。

イメージは「いかがわしさ」

さて、「オカルト」という言葉が欧米でさかんに使われるようになったのはいつからかというと、六〇年代後半からだろう。それまでマスメディアから隠れていたものが、この頃から急に浮上し始め一大流行をみた。ニューエイジに先立つこのブームは「オカルト爆発」と呼ばれているが、このときベストセラーとなったのがコリン・ウィルソンの『オカルト』（原書刊行は一九七一年）である。

この目次を見ると「オカルト」という語の指す範囲がどこまで及んでいるかが分かる。つまり、エジプト魔術、グノーシス、カバラ、ルネサンス魔術、レヴィ、黄金の曙[1]、イェーツ[2]、クロウリー[3]、スウェーデンボルグ[4]、スピリチュアリズム、心霊研究、超心理学、神智学、サン＝マルタン[5]、カリオストロ、ラスプーチン[6]、グルジェフ[7]、魔女、UFO、異端考古学、アトランティス、人体自然発火、輪廻転生、ライヒ、X機能などなど。一見して「いかがわしい」という言葉がしっくりくる内容である。一応、人間の潜在能力や進化論といったコリン・ウィルソンお得意のテーマで全体はつながっているのだが、それでも、超心理現象と沈没大陸アトランティスの間にどんな関係があって、両方とも「オカルト」と呼ばれているのか、不思議に思う方もおられるかもしれない。そのとおり。理屈からすると何の脈絡もない。でもご安心、「オカルト」といえば誰もが何となく納得するのである。それに「オカルト」という語の節操のなさは

エマヌエル・スウェーデンボルグ

こんなものではすまないのだ。

現在の日本ではどうか。たとえば『オカルト徹底批判』〔呉智英監修、朝日新聞社、一九九四年〕という――題名どおりに徹底批判していたら、それなりに立派になったはずの――本を開けてみよう。[8] 批判の俎上《そじょう》にあがっているのは、宜保愛子、心霊、血液型占い、UFO、外気功などなど。チャネリングはいいとして、生駒の拝み屋さんまで「オカルト」というカタカナ言葉で括《くく》られている。こんなに素朴で泥くさいものまで「オカルト」と呼ばれると違和感が残るが、とはいえ、そのいかがわしさや雑多さという点がこの語の基本的な性格なのだから仕方ないのかもしれない。しかも現実はさらに「オカルト」から遠のいている。

最近某大学の生徒さん（十八～二十歳）三〇〇人ほどに協力を仰いで、「オカルト」という語から連想するものを三つ自由に書いてもらった。ところが圧倒的に多かったのは「霊」でも「魔術」でもなく、「ホラー映画」とか「血まみれ」だった。もう少し深淵な（？）回答があるかと期待したのだが、どうも現在一般的には、この語は「神秘的なこと、超自然的なこと」（『大辞林』）というよりも、たんに「怖い」という意味でとおっているようだ。実際一番よくオカルトを目にするのは、ビデオ屋の「ホラー・オカルト」という棚だし、テレビでは火の玉とか心霊写真とか、ほとんど夏休み肝試し大会のレベルで「オカルト」

を扱っているのだからしょうがない。さすがにここまで退行されてしまうと、間違っているといわざるをえない。そこまで単純なものではないはずだ――少なくとも元来は。

広い領域をカバーした魔術という言葉

オックスフォード英語辞典（*OED*）を開けてみると、「オカルト」という言葉は、元々「隠された」という意味で、現在使われるような「秘密の神秘的媒介物の知識や使用を伴うと考えられている学問」などへの形容詞として〔英語で〕使われるようになるのは、一七世紀、コルネリウス・アグリッパ（一四八六～一五三五）の『隠秘哲学《オカルト・フィロソフィー》』からだとある。[9] 魔術、錬金術、占星術、神智学といった学問を総称して「オカルト学《サイエンス》」と呼ぶが、アグリッパはルネサンスでもっとも有名な「オカルト学」の大家だった。

さらに*OED*によると、「オカルティズム」という語は神智学徒《セオソフィスト》A・P・シネットの『隠れた世界《オカルト・ワールド》』（一八八一年）が初出とある。この語はもともとフランス語で、「オカルト学」から「オカルティズム」を造語したのは、[10] フランスの魔術師エリファス・レヴィ（一八一〇～七五）。おそらくシネットは神智学の創始者でオカルティズムの師であったロシア人女性ヘレナ・ブラヴァツキー（一八三一〜九一）を通じて知ったのだろう。

このように「オカルト」という語を考えるうえで、ルネサンスと一九世紀は重要な時期なのである。といってほかの期間、ヨーロッパ人がオカルトを忘れていたなんてことはないのだが。ただ全歴史を話していたらきりがないので、ここでは省略、アグリッパとレヴィの周辺、それも「魔術」に限って話を進めることにしよう。

まずルネサンス魔術は一五世紀半ば、マルシリオ・フィチーノ[11]がヘルメス文献と呼ばれる古代の魔術文献を翻訳したことに始まるという。アグリッパも彼の流れを汲む一人で、その世界観をかいつまんでいうと、万物には人間の目には見えない隠れた力があって、宇宙にはこの隠れた力を伝える媒体が存在しているという。「私たちの魂の力が精気によって肉体に伝えられるのと同様、世界の魂の力は第五元素によってあらゆる物に伝えられる」のだが、「この精気の力を借りて、隠れた性質は太陽、月、惑星さらにはその上の恒星を通じて、草や石や金属や動物に伝えられる」（アグリッパ『自然魔術の哲学』[12]）。万物は見えない媒体を通じて天体の影響力を受けたり相互に影響しあっているが、儀礼によってそうした惑星の神的存在（ダイモンと呼ばれた）へ働きかけ、その力を人間の自由

ルネサンスの「オカルト学」の大家コルネリウス・アグリッパ

にすることも可能であるとされた。これが儀礼魔術である。

しかし魔術がすべて、いわゆるオカルト的だったかというとそうでもない。たとえば同時代人バチスタ・デラ・ポルタの魔術はむしろ日常的な知恵を扱い（たとえば、「ツタはブドウを枯らす、ゆえに泥酔にも効果がある」といったもの）、理屈は奇妙だがむしろ博物学や自然科学に近い。W・シューメイカーはこれを「自然魔術」と呼び、フィチーノやアグリッパの「星辰魔術」「儀礼魔術」と区別している。後者がよりオカルト的なのは、術者本人の心理的操作や儀式という非日常的時間を伴っているからだという（ウェイン・シューメーカー『ルネサンスのオカルト学』［田口清一訳、平凡社、一九八七年］を参照）。

じつは、自然界の万物の間に隠れた力や関係があるという発想自体も、別にオカルトでも何でもない。たとえば万有引力の法則もそうであるように自然科学の発想とも共通する。フィチーノの魔術的宇宙も、ダイモンを力の中継点と考えれば、一種の機械［論］的宇宙に接近し、無神論に近づく可能性もある。もちろん意志と外界の直接の交流を認める点、媒体が確認できない点で科学的宇宙観とは異なるが、それでも疑似科学的とはいえるだろう。実際、一八世紀にメスメルが想像した、磁気流体で満ちた宇宙というのは、まさにこの延長線上にあったのだから。逆にダイモンの人格をはっきりと認めるなら、一種の多神教になる。アグリッパなど多くの魔術師がそうだった（D・P・ウォーカー『ルネサンスの

魔術思想』〔田口清一訳、平凡社、一九九三年〕を参照)。

つまり魔術の領域は、後世に科学あるいは疑似科学と呼ばれる分野から宗教にまで広がっていた。もちろん当時は物質主義も合理主義もなかったから、非科学的とか迷信とか非難されることもないわけで、魔術に限らず他のオカルト体系も「少なくとも一七世紀の終わりまでは、一般に社会の全階層で受け入れられていたし、オカルト全般は拒絶されたものでも異常なものでもなかった」(R・ガルブレイス『アメリカのオカルト』[13])。

むろん、教会からの弾圧はあった。無神論か、多神教か、いずれにせよ教会が愉快であるわけはない。ただし、弾圧の根本的な理由は魔術に根拠がないからではなく、キリスト教会の側にも魔術的な概念や儀式があったからではないかと、ウォーカーは指摘している。

「ミサには聖別の言葉、薫香、光、葡萄酒、そして究極の魔術的効果――すなわち全実質変化――が伴うのだ。筆者は、これこそが中世とルネサンスのあらゆる魔術に根本的影響を及ぼしたものの一つであるとともに、教会があらゆる魔術を咎《とが》めた根本的理由の一つではないかと言いたい」(ウォーカー前掲書)

全実質変化とは「聖餐《せいさん》のパンとぶどう酒において、その全実体はキリストの肉と血の全き実体に変化する」(倉田清・波木居純一『現代キリスト教用語辞典』〔大修館書店、一九八五年〕)という教会の中心的教理の一つである。ワインが血に変わるというのだから魔術でなくて何なのだろう。魔術はキリスト教と異なっているからではなくて、似すぎているから弾圧されたのである。

とはいえ魔術は消えなかったが。

出揃ったオカルトの要素

さて、話は一足飛びに一九世紀半ばに移る。その間にプロテスタントが生まれ、自然科学が勃興。一八世紀には理神論という合理的なキリスト教義が生まれ、イギリスではカソリックは「迷信」とさえ呼ばれるようになったし、自然科学の教義を守るために「合理主義」というイデオロギーが誕生していた。一九世紀に入って科学技術はさらに進展しキリスト教的宇宙観は消えかけ、ダーウィンにとどめを刺されるばかりになっていた。しかも「大衆」が出現しつつあった。

その意味で「オカルティズム」という語を作ったエリファス・レヴィが、神学生くずれの社会主義運動家だったというのは面白い。彼の功績の一つは、降霊魔術、占星術、カバラ、人相学、錬金術、魔術書、メスメリズム、ウィッチクラフト、タロットなどなど、ある意味ではエリートの学問だった「オカルト学」の範囲をさらに雑多で卑俗な現象へと広げたこと、そしてもう一つは、魔術の伝統を再発見し近代的な装いで蘇らせたことだろう。「レヴィの魔術の目的は妄想の快適な領域に魔術師を引き入れることでも霊を支配することでもない。魔術の基本的な機能は意志をより効果的に集中できるようにさせることである」（C・マッキントッシュ『エリファス・レヴィとフランス・オカルト・リバイバル』）。[14]つまり魔術を心理学的に解釈しなおしたわけだが、これだけではただの精神論である。魔術と呼ぶからには、この意志の力が他者や物に伝えられ、これを操作しなければならない。レヴィはメスメルの主張した磁気流体や、その一九世紀版であるライヘンバッハのオド力[15]に、この媒体が存在するという「科学的」根拠をみていた。

ただしレヴィが発明した「オカルティズム」という言葉を一般に広めたのは、先にも名前を挙げたブラヴァツキー夫人である。彼女は伝統的な西洋オカルティズムに東洋神秘主義を取り入れて、神智学という独自の教義を打ち立てた。彼女のインド理解はどうであれ、西欧人にインドの精神的価値に目を開かせた功績は大きい。その彼女の定義では、「オカルト学」と「オ

神智学の開祖ヘレナ・ブラヴァツキー

カルティズム」は別物とされ、前者は、魔術や錬金術など隠れた自然の力を使う術のことであり、それに対し後者は神智学の別名で、神の叡知を得るために利己的欲望を断つことだという（ブラヴァツキー「オカルティズム対オカルト術」）[16]。魔術的現象（その存在は肯定されている）を越えたところにある、より深い神秘主義的な境地こそが本当のオカルティズムというわけだが、もちろんこの定義は普及しなかった。なぜなら、みんな現象が好きだからであり、オカルティズムという言葉と神秘主義の差異をどこかで感じたからに違いない。

大衆的かどうかといえば、レヴィ、ブラヴァツキー共に、それまでのオカルティズムよりは大衆的だったといえる（一八世紀のオカルティストは秘密結社に拠って活動した）。しかし、もっと広範囲の大衆がオカルト的なものを手にしたのは、スピリチュアリズム運動だった。何しろ、修行も資格も必要なし、霊媒とテーブルさえあればどこでも「現象」が起こるのである。霊媒の現象はどんどんエスカレートし、マスコミがあおりたて、科学的に奇蹟が実証できたとスピリチュアリストは主張し、手品師や科学者は霊媒のインチキを暴きたてる。社会風俗の点では、現在とまったく同じ構図である。

意志の力という教理からすれば当然だが、レヴィはスピリチュアリズムを徹底的に嫌って、有名な霊媒D・D・ヒュームを「自分でも訳の分からない恐ろしい力におもちゃにされているだけだ」と酷評している。最初はスピリチュアリストだったブラヴァツキーも、神智学協会設立後はスピリチュアリズム非難に回っている。そうした違いはあれ、いずれにも共通する点がある。それは「科学」（神智学は「真理」）を謳《うた》っている点である。なぜ「科学」を名のったのか（自分から「非科学的」だなんていうやつはいない、とは正しい意見だが）。理由の一つには、一九世紀的な科学信仰があるからだろう。つまり、自然の神秘が科学の強烈な光の下で次々に明かされているのだから、教会が「超自然」として棚上げしてきた現象もいつかは自然の法則におさまるはずだ、といった期待感があったのではないか。ある人にとっては、キリスト教の奇蹟にまつわる不条理な部分が「科学法則」によって合理化されることを意味した。工業化社会の成立とそれに伴う世俗化、これに抗する形で「オカルト」的なものへの衝動が高まったといわれるし、たしかにそのとおりなのだが、その現われ方はやはり近代的以外の何物でもなかった。

魔術の伝統と復興、心霊現象、大衆運動、「科学」信仰、東洋憧憬。結局、現代の「オカルト」の要素は、すべて一九世紀に出揃ったということだろう。それをいつ「オカルト」と総称するようになったのか、またなぜなのかはよく分からない。おそらく「心霊」より曖昧で何でも取り込める便利な言葉だったからだろう。少なくとも二〇世紀前半に出たルイス・スペンスの『オカルト事典』[17]にはここまで述べてきた要素がすべて収められている。

しかし紙数も尽きてきた。そろそろ歴史は切り上げて、定義の問題に移ろう。

排除された知識の捨て場

オカルティズムに「伝統」をみるか否か、これが一つの問題である。レヴィが発見したような魔術的伝統を重視して、残りの有象無象はさしあたり無視することも可能だろう。社会学者E・A・ティリャキアンの定義がそれである。彼はオカルティズム（オカルトと区別していない）は、現代科学では認知できない力を用いて、それ以外の手段では不可能な知識を得たり（つまり占い）、将来を変更したりする（つまり魔術）などの、具体的結果を得ることとしている。ややこしい言い方だが、要するに*OED*の「オカルト学」の定義とほぼ同様。ただしオカルティズムは実践的技術であると定義し、その背後にある理論体系を「秘教《エソテリシズム》」と呼んだ。秘教というのは、秘密結社などで少数の人間に伝授されて伝わっていくからである。彼はそうした秘教的文化が西欧文化の歴史の裏面に脈々と続き、表《おもて》の文化に刺激を与え続けてきたと評価している。現代人にとってオカルトへの関心は、現実逃避ではなくて日常生活を活性化し文化に創造性をもたらすための一時的退却に過ぎない。

たしかにこの定義は、オカルティズムの良質の部分を考えるうえでは有効だろう。ところが問題は、ＥＳＰやデジャビュ（既視感）といった「異常」現象を、社会学的図式に統合しにくいという理由で考察から外している点にある。それはもっともなのだが、しかしそうなると現代の「オカルト」について語ることはできなくなってしまう。何しろ実態は冒頭に述べたような状況なのだから。

問題は、どうして雑多なものがオカルトという語の下に集まるのかということだ。一九世紀には骨相学とメスメリズムが結び付いて骨相メスメリズムが生まれたり、あるいは初期スピリチュアリズムの周辺に、奴隷解放運動、女性解放運動、社会主義運動が集まったり、神智学徒がキーリー・モーター（永久運動機関）を研究したり、あるいはＵＦＯと超心理が結び付いてＵＦＯ超心理研究会ができたり[18]（？）……。

オカルト史研究家ジェイムズ・ウェブは『オカルト地下体制《アンダーグラウンド》』（一九七四）[19]の中で、オカルトを「排除された知識」であると定義している。最初はキリスト教会から排除された知識（グノーシス、ネオ＝プラトニズム、ヘルメティズム、カバラなど）で、それらは相互に照応しあい、ある程度首尾一貫した性格をもっていた。ウェブは、これらの知識の集積をオカルト「伝統」と呼ぶ。ただし理性の時代の到来と共に、今度は「非合理」として排除されていく知識が出てくる。つまり「疑似科学」が出現し、これがオカルト「伝統」へと人りこんでいき、現在のような混沌とした状況になったという。「象の墓場」のような、奇妙な知識の捨て場があったというわけだ。もちろんここまでみてきてお分かりのように、ルネサンス期には決して排除された知識でもなかったし、一八世紀に合理主義が体制化していたかどうかも疑問である。とはいえ排除された知識は外からのレッテルでまとまっているだけでなく、いわば想像力の類似性のような部分で相互につながりあうということは、実感として理解できる。

社会学者マルチェロ・トルッツィはさらに徹底して異常性《アナマラス》に注目している。オカルトは、公認科学の主張に合致しない残りのものを入れるカテゴリーであるとする。面白いのは、知識の「逸脱」にも度合いがあることを指摘している点である。たとえば、催眠術の研究誌は超心理学を無視し、逆に超心理学研究誌は催眠術を無視できないが占星術は無視でき、そして占星術研究誌は上の二つを無視できない、というヒエラルキーがあるという。

しかし、逆に「逸脱」ではないと主張する学者もいる。たとえばR・ガルブレイスは「多くのアメリカ人にとって、オカルトは必ずしもカウンターカルチャーではなく、公認の宗教的、社会的科学的価値観と相互に排除しあうものでもないということは強調しておかなければならない」（『アメリカのオカルト』）[20]と述べている。たしかに、日常的に星占いをみていても、別に科学的世界観が崩されるわけでも宗教が崩されるわけでもない。しかし、ときには思いもかけない経験をして崩れていく場合もあるのだ。

オカルトという言葉を巡っては、さらに宗教的な観点からみることもできるだろうし（アンドリュー・グリーリーの新聖性運動説[21]）、ニューエイジという類義語についてもいろいろな定義がある。しかし、これ以上定義を並べても結局は、この語の曖昧さを証明するだけの話だろう。ガルブレイスのいうように、「魔術」「神秘的」「超自然」などに比べ、「オカルト」は一番無色で「あらゆるものを含む言葉として適当」だから使われているのだろう。[22]なにしろ人の経験は多様であり、規制できるような代物《しろもの》ではない。訳の分からない経験でも、経験してしまうときには経験するのだし、それも経験する人にしか経験できない。そうした経験を解釈し終えたら、神秘主義や宗教や科学の文脈で語ることは可能だろうけれど、訳の分からない段階でとりあえず分類作業ができる領域はオカルトしかないだろうし、またその作業中の形で経験を伝えるには、この言葉はさほど悪い言葉ではないのかもしれない。

最後に、最近の専門誌から二つの記事を紹介しておこう。いずれもオカルトの特殊な普遍性を証明した記事である。

アメリカの『宗教社会学』五四巻三号（一九九三年）に載ったジェイムズ・マックレノンの「中国、日本、アメリカのサンプルでの異常体験調査」[23]と題する研究ノートより。世界各地の大学生を対象に、デジャビュ、金縛り、ESP能力、体外離脱体験など「異常な《アナマラス》」体験の有無を尋ねたもので、その結果は、中国の学生で第六感を体験した者七一％、体外離脱体験が五五％と異常に高率だという点を除けば数値はかなり接近している。日本の学生は金縛りが五〇％でかなり高いが、体外離脱体験では最低の一三％で、アメリカのエリート科学者における二〇％よりも少ない。こうした資料の分析結果だが「宗教の好みや科学的訓練と異常な経験の出現頻度の関係についての仮説は支持されなかった……調査対象のすべての集団において、並程度のレベルの異常経験が存在するという発見からして、異常な事件を知覚する能力はある意味で普遍的なものであることを思わせるものである」。

『異常心理学雑誌』一〇二巻四号（一九九三年）に載った「接近遭遇・UFO経験の調査」[24]と題する論文より。UFO経験者を「正常人」から区別する傾向性がないかと試みられた実験だが、精神病理的な異常性、想像力の多少、側頭葉不安定指数、被催眠性といった点で一般人とまったく違いはなかった。ただ一つ大きく違っていたのは、と論文はおごそかに宣言しているが、UFOの存在を信じていたことだった（！）。

注【以下はすべて編者による注】

1 「黄金の曙」は、一九世紀末のイギリスで設立された儀式魔術の結社。当時の著名な知識人、文化人が参加した。

2 ウィリアム・バトラー・イェーツ（一八六五〜一九三九）は、アイルランドの高名な詩人で、黄金の曙のメンバーでもあった。

3 アレスター・クロウリー（一八七五〜一九四七）は、「黄金の曙」のメンバーとして出発し、後に独自の魔術思想を展開。欧米のカウンター・カルチャーに今なお甚大な影響力を持つ。

4 エマヌエル・スウェーデンボルグ（一六八八〜一七七二）は、スウェーデンの科学者、哲学者。神秘的なキリスト教神学を唱え、多数の信奉者を得た。

5 ルイ・クロード・ド・サン＝マルタン（一七四三〜一八〇三）は、フランスの哲学者、神秘主義者。フランスやドイツのロマン主義文学に大きな影響を及ぼした。

6 グリゴリー・ラスプーチン（一八七二〜一九一六）は、ロシアの修道僧。奇蹟を行なう予言者として有名になり、帝政末期には宮廷で重用されて一時は国政を左右した。

7 ゲオルギイ・イヴァノヴィチ・グルジェフ（一八六六?〜一九四九）は、アルメニア出身の神秘思想家。「ワーク」として知られる、霊的自由を獲得する行法システムを創始した。

8 同書については、本書巻末の編者解説を参照。

9 不正確な記述。ここではアグリッパの大著『隠秘哲学三書』*De occulta philosophia libri tres* (1531-33) の James Freake による英訳本 *Three Books of Occult Philosophy* (1651) を指す。また、*OED* が英語における最も初期の用例としているのは同書ではない。本書八八頁の編注1も参照。

10 正確にいえば、フランス語ではオキュルティスム（'occultisme'）。

11　マルシリオ・フィチーノ（一四三三～九九）は、イタリア・ルネサンス期の著名な人文主義者、哲学者。キリスト教、新プラトン主義、占星術、魔術などを融合させた思想を展開。

12　不正確な記述。出典はおそらくHeinrich Cornelius Agrippa, *The Philosophy of Natural Magic* (University Books, 1974)だろうが、これは注9で言及した『隠秘哲学三書』英訳本 *Three Books of Occult Philosophy* (1651) から第1書のみを復刻した *The Philosophy of Natural Magic* (1913) の再刊本。

13　誤記。正しい出典は以下の通り。Robert Galbreath, 'Explaining Modern Occultism' in Howard Kerr and Charles L. Crow, eds., *The Occult in America: New Historical Perspectives* (University of Illinois Press,1983). 著者の表記も「ガルブレイス」ではなく「ガルブレス」が適切と思われるが、後出する分も含めて、本文に訂正は施していない。

14　Christopher McIntosh, *Eliphas Lévi and the French Occult Revival* (Rider, 1972).

15　カール・フォン・ライヘンバッハ（一七八八～一八六九）はドイツの化学者、実業家。メスメルの影響下で、オド力と称する未知の生命力の実在を唱えた。カール・フォン・ライヘンバッハ『神秘のオド・パワー』（井村宏次監訳・岡田圭吾訳、日本教文社、一九八七年）を参照。

16　H. P. B. Blavatsky, 'Occultism versus the Occult Arts' (1888). 後に、H. P. B. Blavatsky, *Studies in Occultism: No. 1* (1910) などに収録。

17　誤記。正しくは『オカルティズム事典』（Lewis Spence, *An Encyclopedia of Occultism* [1920]）。ただし、同書は現在にいたるまで繰り返し復刊されており、『オカルト事典』と改題された版もある（たとえば、*The Encyclopedia of the Occult* [Bracken, 1988]）。同書については、本書一二九頁、一五九頁注2も参照。

18　吉永、横山が京都大学在学中に参加していたサークルの名称。

19　James Webb, *Occult Underground* (Open Court, 1974 [originally published as *The Flight from Reason* in 1971]).

20　誤記。正しい出典は、以下の通り。Howard Kerr and Charles L. Crow, 'Introduction' to *The Occult in America*. したがって、著者もRobert Galbreathではないが、本文に訂正は施していない。

21　アメリカの社会学者グリーリーは、一九六〇年代以降のアメリカにおける新宗教の勃興を社会の「再聖化」とみなした。

22　Robert Galbreath, 'Explaining Modern Occultism'.

23　James McClenon, 'Surveys of Anomalous Experience in Chinese, Japanese, and American Samples', *Sociology of Religion*, vol. 54, no. 3 (1993).

24　N. P. Spanos, P. A. Cross, K. Dickson and S. C. DuBreuil, 'Close Encounters: An Examination of UFO Experiences', *Journal of Abnormal Psychology*, vol. 102, no. 4 (1993).

「異端科学狩人《サイコップ》」たちの
オカルト狩りを笑いとばす

吉永進一

温い否定か冷静な肯定

超心理やUFOやオカルティズム、この手の分野ではどうも肯定か否定しかないと思いこんでいる向きも多い。常識や理性を一足飛びに飛び越えてしまった熱狂的な信奉者か、「超自然現象」を科学法則ですべて割り切ってしまうガチガチの否定論者《デバンカー》か。とくに、アメリカで近ごろ目立つのは、超常現象研究団体サイコップ（CSICOP）に属する懐疑論者たちの超能力否定論やニューエイジ批判で、最近は日本でもそうした「科学的」デバンカーが出現し始めている。おかげでアメリカのサイコップも、まるで一流の研究団体であるかのように伝えられているのだが、実態はどうなのだろう。懐疑論者の「側の」肯定派＝迷信の徒といった態度は少々了見が狭すぎるような気もするし、何より現象の肯定と否定しか問題にならないという状況そのものがおかしいような気もする。

とはいえ、最近ではもう少し柔軟なスタンスも現われてきているようで、たとえば、八〇年代から一般にも名前が知れ出した、イギリスの『フォーティアン・タイムズ』という雑誌がある（一九七三年創刊）。以前『Az』誌（新人物往来社）に同誌の特約コラム[1]が載っていたのでご存じの方も多いと思うが、フォーティアンという名称は、「蛙が降ってくる」などの科学的に説明つかない現象（「呪われたもの」と呼ばれる）を蒐集したアメリカの異常現象研究家、チャールズ・フォート（一八七四～一九三二）にちなむ。フォートの精神を受け継いだ『フォーティアン・タイムズ』は、温い否定派というか、冷静な肯定派というか、絶妙のスタンスを保ちつつ、軽やかな文章で不可思議な世界に切り込んでいる（ウィルソンも度々引用している、同誌編集長ボブ・リカードの『フェノメナ』は邦訳があるので参照願いたい）[2]。そうした新世代のフォーティアンたちに影響を与えた研究家といえば、たとえばＵＦＯの飛び交う分裂症的世界の体験を描いた傑作『モスマンの黙示』（植松靖夫訳、国書刊行会、一九八四年）で知られるジョン・Ａ・キール、『欺瞞の使者』[3]や『マゴニアへのパスポート』[4]などでＵＦＯ研究に革新をもたらしたジャック・ヴァレ、そしてニューエイジのトリックスターとして欧米ではカルト的人気を集めるロバート・アントン・ウィルソンなどがいる。

なかでもウィルソンは、ここ一〇年ほどサイコップなどの「異端科学狩り」批判を積極的に行ない、『フォーティアン・タイムズ』との関係も深めている（現在同誌の特別通信員）。今回部

『Az』16号。『フォーティアン・タイムズ』の特約コラム「アズ・フォーティアン・ワールド」の連載が始まった

分的に紹介する『新異端審問』（一九八六）[5]もそうした路線の代表的な一冊で、とくにひねくれたユーモアと風刺に富んだ本である。とはいえ、ある程度、予備知識がないと面白さもわかりにくいかもしれないので、最初にウィルソンとサイコップについて少々駄弁を弄することをお許し願いたい。

R・A・ウィルソンについて

Ⅰ　ティモシー・リアリー[6]「今世紀もっとも重要な哲学者……学問的でありウィットに富みヒップであり希望にあふれている」。

Ⅱ　アラン・ワッツ[7]「猥雑で冒瀆的で破壊的、まったくもって面白い」。

Ⅲ　フィリップ・K・ディック[8]「無限の中を引き回されたように、ウィルソンのおかげで私の心のプラスとマイナスはすべて逆転してしまった。喜ばしい驚き」。

Ⅳ　ウィルソンは、評論家、小説家、詩人、劇作家にして漫談家であり、宗教、オカルティズム、陰謀論、サイケデリック、哲学、心理学、異端科学、現代科学を縦横に論じる未来心理学者、ゲリラ存在論学者でもあり、なにより、つねに自分自身の言葉で考えてきた〝哲学者〟である。

V　六〇年代後半に『プレイボーイ』誌の編集者として「フォーラム」欄を担当すると同時に、六〇年代という文化政治の嵐の時代を尖端で経験。同誌を辞めた後は、オカルティズムと謀略説と現代史の混淆《こんこう》した実験的SF小説（ロバート・シェイと共著）『イリュミナイタス！』三部作[9]を七五年に発表し一躍有名になる。七〇年代にはサイケデリックやペイガニズム（異教）の運動にかかわり、八〇年代にはニューエイジ、現在はニューエッジ[10]と、つねにアンダーグラウンド・シーンの道化兼導師として活躍してきた。二〇冊以上の著作を数え、中でも『上昇するプロメテウス』（一九八三年）[11]や『量子心理学』（一九九〇年）[12]といった、独自の人間観を展開した愉快で教育的な「未来心理学」の著作が代表作だろう。三冊ある邦訳はいずれも初期の著作で、ティモシー・リアリーらとの共著『神経政治学』〔ティモシー・リアリー、ロバート・アントン・ウィルソン、ジョージ・A・クープマン、山形浩生訳、トレヴィル、一九八九年。原著は一九七八年刊行〕、ドラッグの実際について書かれた非常に優れた啓蒙書『サイケデリック神秘学』〔浜野アキオ訳、ペヨテル工房、一九九二年。原著は一九七三年刊行〕、そしてオカルト陰謀論のパラノイア的経験を綴った初期の問題作『コスミックトリガー』〔武邑光裕訳、八幡書店、一九九四年。原著は一九七七年刊行〕である。いずれも評価の高い作品ばかりであるが、これ一冊ということなら『コスミックトリガー』

をお薦めする。ただし「新版序文」も忘れずに読むこと。[13]

Ⅵ　ウィルソンの「異端」歴は、二歳のときにかかったポリオをある尼僧の発明した療法で治療してもらって以来という。一九四〇年代末ブルックリン工業高校の生徒だったころ、コージブスキー[14]の一般意味論とライヒ心理学を知る（両方ともマーティン・ガードナー『奇妙な論理』〈原書版〉[15]に取り上げられるほど立派な異端説である）。政治の方では十七歳でトロツキスト党に入党（翌年には脱退）。さらに六〇年代前半にはオハイオ州にある「生活の学校」という一種の農本主義的ユートピア団体の機関誌編集に携わっていた時期もある。カソリックに育ち、浄土真宗で結婚式を挙げ、クロウリーの魔術を実践している。革命思想からアシッド、神秘主義にヴァーチャル・リアリティーまで、要するに別の「現実」を与えてくれるありとあらゆる象徴回路や技術に手を出し、自分で実践してきたのである。何という実験精神。

Ⅶ　政治的には平和主義者でアナーキスト、より人間的な社会の実現を目指す理想主義者。しかし夢想家ではない。大恐慌時代、現代アメリカとは思えないほどに貧しく迷信的なブルックリンのアイルランド人地区で生まれ育った彼は、弱者の痛みと同時に現実の厳しさを人一倍よく知っている。だからこそ、近代科学文明を捨てて中世的社会へ戻ろうとという単純なエコロジー一派の主張や、物質的に満たされたから次は「こころ」もといった虫の良いニューエイジには批判的なのだ。『コスミックトリガー』には、生活保護を受けていた間、スーフィーとヨーガの技法を実践して、経済不安からくる絶望状態を克服したというくだりがある。生きのびるための術としてのオカルティズム。

Ⅷ　しかし性急に決めつけないように。彼は自分の哲学を「不可知論《アグノスティシズム》」と呼び、いずれの思想も信じていないと述べている（『コスミックトリガー』「新版序文」）。つまり、いろいろなリアリティーを経験するウィルソンがいる一方で、さらに深いレベルでは、そうした自分を冷静に反省し観察するウィルソンがいる。その深いレベルでの認識論が「不可知論」である。世界は根本的に、どんな科学法則や世界観によってもその正確な姿を把握することができない。だから自然科学が全部正しいわけではないし、逆にオカルティズムが正しいわけではない。どんな見方も部分的には正しく部分的には間違っている。「世界」がじつはこうした訳の分からない領域であって、客観的な真理など存在しないとなると、科学法則のよしあしは、実際に使ってみて効果で判断するしかない。具合がよければ使えばよいし、もっとよい法則（学説、モデル、世界観などなど）が出たらそちらをとればよい。それが本来の意味での科学なのである。

Ⅸ　日常の現実についても同様のことがいえる。私たちには現実の本当の姿は認識できない。私たちが経験できる「現実《リアリティー》」とは、風土や社会や宗教や科学や神経系の化学物質などによって、規定され構成されたものである。人間は乳児期からいろいろな物の見方や反応の仕方を刷り込まれて《インプリント》、ある種の「現実」を与えられている。ほかにいくつもの「現実」があるとか、いずれも部分的なものだということを知らず、唯一絶対の「現実」と錯覚し、思考も行動もその「現実」に縛られている（その意味で人間は一種のロボットである）。そうした「現実」をリアリティー＝トンネルとウィルソンは呼ぶ。色眼鏡をかけて物を見るという言葉があるけれど、人間はいつも色眼鏡をつけていないと物が見れないのだ。色眼鏡をはずすことはできない。ただし何らかの操作で変えることはできる、ウィルソンが行なったように。人間はロボットであるにしても、自分でプログラミングできるロボットである（ちなみにウィルソンの真理論や現実論は異端説どころか現代社会学や哲学の所説である。ウィリアム・ジェイムズ『プラグマティズム』［枡田啓三郎訳、日本教文社、一九六〇年］、ピーター・L・バーガー、トーマス・ルックマン『日常世界の構成』［山口節郎訳、新曜社、一九七七年］を参照）。

X　サイコップの「懐疑論《スケプティシズム》」の場合、超自然的現象を疑うことはあっても、彼らのいう「科学的真理」や「合理主義」を疑うことはない。つまり、ある一つの教えを無批判に信奉するという点で、彼らの態度は聖書を頭から信じ込む宗教的ファンダメンタリズムと非常に近い。そういう意味で、［ウィルソンは］彼らの不徹底な「懐疑論」を「科学的ファンダメンタリズム」あるいは「ファンダメンタリズム物質主義」と呼び、その批判活動をかつての教会の異端審問に譬《たと》えて「新異端審問」と呼ぶのである。超自然現象は既存の科学のモデルですべて説明できるはず、これがサイコップの信仰。それに対し不可知論は、すべてのモデルが正解からはずれているという点では同じなのだから、超自然現象をむやみに否定するより、既存のモデルを少々疑ってみてもいいのではなかろうかと考える。

Ⅺ　もう少し掘り下げてみよう。科学的、宗教的を問わず、ファンダメンタリズム的発想の底にあるのは、肯定・否定しか許さないアリストテレス論理学であるとウィルソンは指摘している。実際には肯定・否定以外にも「かもしれない」という判断のカテゴリーがあるはずなのだし、私たちは生活の中で多くの「かもしれない」という知識を使っているではないか。見たことはないがビッグバンはあった「かもしれない」、同じくライヒのオルゴン・エネルギーはある「かもしれない」、同じくらい（？）の蓋然《がいぜん》性で日本の年金制度は安全「かもしれない」。UFOは存在する「かもしれない」し、羽田総理[16]も存在する「かもしれない」。実際に見たことはないが。

Ⅻ　不可解な現象を見て「ちょっと不思議に思う」。錯覚かもしれない、もちろん。たちの悪い手品師があなたをひっかけようとしているのかもしれない。でも、もしかして、それまでのリアリティー＝トンネルが間尺《ましゃく》に合わなくなっているサインかもしれない。ちょっと不思議に思ったからといってどうというのか。私たちは自分の力で自由にものを考える権利と任務があるのだから。

サイコップ[17]の実態

アメリカ、ニューヨーク州バッファローに本拠を構え、「責任ある科学的見地からの超自然、限界科学の主張の批判的調査を促進する」（綱領から引用）超自然現象研究団体で、ダグラス・ホフスタッター[18]、天文学者カール・セイガン、生物学者スティーヴン・ジェイ・グールドといった有名人や科学者を会員に抱える。

この団体設立の機縁は一九七五年にさかのぼる。同年、マーティン・ガードナー、ジェイムズ・ランディ[19]、社会学者マルチェロ・トルッツィなどが集まって小さな研究会が発足した。翌年、占星術批判キャンペーンを行なっていた哲学者ポール・カーツは、アメリカ人文主義者協会の総会にガードナーらの組織を招き、その席上でサイコップが発足する。ところが機関誌発行にあたって、肯定否定両論を載せた、本来の意味での超自然研究誌を望んだのはトルッツィだけで、後のメンバーは一般啓蒙誌つまり否定論専門誌を望んでいたという。最初機関誌の編集長だったトルッツィは、結局他の委員の批判を浴び間もなく辞任に追いやられている（ホフスタッター『メタマジック・ゲーム』〔竹内郁雄・斉藤康己・片桐恭弘訳、白揚社、一九九〇年〕参照）。またウィルソンの文中にも触れられているが、ゴークランの占星術理論[20]の追試をめぐるトラブルの後、サイコップが実験調査に手を染めることはなくなっている。どうも実証的団体と誤解されているようだが、会として実証研究を行なったのはこれっきりである（なおカーツが七五年に行なった占星術批判声明に対する痛快な反論については、P・K・ファイヤアーベント『自由人のための知』〔村上陽一郎、村上公子訳、新曜社、一九八二年〕の第Ⅱ部6章を参照）。

　現在、会員は圧倒的に高学歴者が多く、博士号取得者が四分の一以上を占め大学関係者も多い。もっとも大学人や高学歴者の数自体もここ三〇年で急増したという背景もある。九〇年には機関誌『懐疑的探求者《スケプティカル・インクワイアラー》』の購読者が三万五〇〇〇人を数えるまでに成長し、国内の地方団体（裁判沙汰に巻き込まれるのを避けるためサイコップとは別組織）も四〇ほどにのぼり社会的、学界的にも有力な勢力となっている。活動の中心は、一言で言えば「迷信撲滅運動」で、新聞の星占い欄に「星占いは娯楽です」といった一文を入れさせる運動を展開したり、テレビ局に超能力番組を追放するよう

『懐疑的探究者』9巻1号
(1984年)

圧力をかけたりするマスコミ対策が主なもののようだ。
機関誌『懐疑的探求者』は年四回発行で、中には「悪魔教恐怖」といった病理的現象をとりあげて批判している号もあり、見るべき情報や記事も多い。実際、この分野では辛口の評論が少ないので、評価できる雑誌ではある。ただし、どうも専門外の人間を見下したような調子の文章が目立つ。こうした冷笑的な文章が肯定派はもちろん一般人の啓蒙という、当初の目標に役立つものかどうか、逆に科学不信を招くだけではないかと指摘する向きもある。内容の方はどちらかというと、学術論文とエッセイの中間といった読み物が多い。むろん、体裁だけとっても科学的な超自然研究誌『超心理学雑誌』、『アメリカ心霊研究協会雑誌』、『科学的探検雑誌』[21]などの本格的な研究論文には及ばない。要するに『懐疑的探求者』に学術研究誌を期待してはいけないということだ。

　こうしたサイコップの方向を決定した中心人物の一人が、パズル作家、科学ライターとして有名なマーティン・ガードナーだが、かつては自分自身がキリスト教ファンダメンタリストだったためか、宗教的問題には人一倍過敏である。組織面での中心となる議長のポール・カーツも、宗教的にははっきりした態度（無神論）を貫いていて、彼の活動を見るとサイコップはむしろ無神論宣伝戦略の一環のようだ。彼はニューヨーク州立大学哲学科教授で、サイコップ以外にも『自由探求《フリー・インクワイアリー》』の編集発行人や「民主的世俗的人文主義委員会」

の議長も兼ね、さらには「人文主義アカデミー」などとタコ足的に団体を作っているが、いずれも無神論／合理主義のための団体である。その上、サイコップ系の出版物を出しているプロメテウス・ブックスの社長を兼ねているので経営者としても優秀なのだろう（哲学者としてはシャーリー・マックレーン[22]程度という酷評もあるが）。とにかく「超自然に関する主張を科学的に調査する委員会」[23]という名称とキラ星のごとくならぶ有名人の名前に惑わされてしまうが、サイコップを公平な科学的調査団体と考えるのは早計だろう。

なおサイコップのスター手品師ジェイムズ・ランディは、ユリ・ゲラーから名誉毀損で訴えられた裁判の一つで敗訴している（『フォーティアン・タイムズ』六九号）。サイコップはいくつかの裁判を抱えていて多大の出費を強いられているが、その財政上の危機を避けるために、ランディはサイコップを脱退したという。さらにエルドン・バードという超常現象研究家からやはり名誉毀損で訴えられた裁判もある。ランディはバードをロリコンと非難し、バードの方はランディが少年をセックスに誘ったと主張して会話テープを証拠に出したりと、超自然をめぐる議論はもはや科学の領域を離れ、醜悪な殲滅《せんめつ》戦の様相を呈しているのであった（これまたランディの敗訴に終わったという〈『フォーティアン・タイムズ』七〇号〉）。

注【以下はすべて編者による注】

1 「アズ・フォーティアン・ワールド」のこと。『Az』一六号（一九九一年四月）から二六号（一九九二年一二月）に一一回にわたって連載された。無署名コラムだが、横山茂雄の執筆による（ただし、最終回のみは吉永が書いた可能性がある）。この時期、横山は『フォーティアン・タイムズ』の日本通信員だった。一六号〜一八号掲載分は『UFO手帖　6.0』（Spファイル友の会、二〇二一年）、一九号〜二三号掲載分は『UFO手帖　7.0』（Spファイル友の会、二〇二二年）、二四号〜二五号掲載分は、『UFO手帖　8.0』（Spファイル友の会、二〇二三年）に、いずれも若干の加筆修正を施して再録。

2 正確には、ボブ（リチャード）・リカードとジョン・ミッチェルの共著（John Michell and Robert Rickard, *Phenomena: A Book of Wonders* [Thames and Hudson, 1977]。邦訳は『フェノメナ――幻象博物館』（村田薫訳、創林社、一九七八年）。後に『怪奇現象博物館――フェノメナ』（北宋社、一九八七年）の題名で再刊。

3 Jacques Vallee, *Messengers of Deception: UFO Contacts and Cults* (And/Or Press, 1979).

4 Jacques Vallee, *Passport to Magonia: From Folklore to Flying Saucers* (Neville Spearman, 1970).

5 本稿はロバート・アントン・ウィルソン『新異端審問』(Robert Anton Wilson, *New Inquisition* [Falcon Press, 1986]) の抜粋訳への解説として書かれたものである。訳も吉永によるものだが、版権の関係で本書には収録していない。本書巻末の編者解説も参照。

6 ティモシー・リアリー（一九二〇〜九六）はアメリカの心理学者で、LSDなどによる意識の解放を謳い、サイケデリック・カルチャーの教祖的存在となった。

7 アラン・ワッツ（一九一五〜九三）はイギリス生まれの著作家。禅などの東洋宗教を英語圏に紹介し、ヒッピー・カルチャーに大きな影響を与えた。

8 フィリップ・K・ディック（一九二八〜八二）は今なお人気の高いアメリカのSF小説家。後半生には自身の神秘体験をモチーフにした作品群を執筆。

9 『イルミュネイタス！』（*Illuminatus!*）三部作の邦訳は、二〇〇七年に『ピラミッドからのぞく目』、『黄金の林檎』、『リヴァイアサン襲来』として集英社文庫から刊行（いずれも小川隆訳）。

10 サイバーカルチャー内に発生したアンダーグラウンド・カルチャー、カウンターカルチャー。

11 Robert Anton Wilson, *Prometheus Rising* (Falcon Press, 1983).

12 Robert Anton Wilson, *Quantum Psychology: How Brain Software Programs You and Your World* (New Falcon, 1990).

13 「新版のための序文」は邦訳に収録。

14 アルフレッド・コージブスキー（一八七九〜一九五〇）はポーランド生まれの哲学者。一般意味論は彼の構築した言語理論で、一九四〇年代、五〇年代には欧米でかなり注目を集めた。

15 不正確な記述。実際には、原書のライヒとコージブスキーに関する章は、邦訳の『奇妙な論理』（市場泰雄訳、社会思想社、一九八〇年）、『奇妙な論理 Ⅱ』（市場泰雄訳、社会思想社、一九九二年）でそれぞれ訳出されていた。『奇妙な論理』については、本書九四頁の編注28も参照。

16 羽田孜（一九三五〜二〇一七）は第八十代内閣総理大臣（一九九四年）。総理としての在任期間はわずか六四日間だった。

17 サイコップについては、本書四一、四三、四五、五六頁も参照。

18 ダグラス・R・ホフスタッター（一九四五〜　）は、文理両面に通じたアメリカの多才な学者。代表作に『ゲーデル、エッシャー、バッハ』（野崎昭広・はやしはじめ・柳瀬尚紀訳、白揚社、一九八五年［原著は一九七九年刊行］）。

19 ジェイムズ・ランディ（一九二八〜二〇二〇）はカナダ生まれの奇術師で、脱出芸を得意とした。

超能力者の欺瞞を暴く活動を精力的に展開。
20　本書五二、五四頁を参照。
21　本書五一―五五頁を参照。
22　シャーリー・マックレーン（一九三四〜　）はアメリカの女優。オカルトに凝り、自らの神秘体験を綴った『アウト・オン・ア・リム』（山川紘矢・亜希子訳、地湧社、一九八六年［原著は一九八三年刊行］）はベストセラーとなった。
23　サイコップの正式名称。

天に光、地に妖精

——ＵＦＯ体験をめぐって

稲生平太郎

人間の存在にかかわる鍵がある

ＵＦＯがオカルトだというとなかには怒るひともいるのは知っている。

でも、少なくとも世間がＵＦＯをオカルト扱いしているのは間違いないだろう。本屋に行けばオカルトの棚にＵＦＯ書が並んでいるし、テレビの世界では、ＵＦＯは心霊と並んで二大オカルトを構成しているんだから。ここでは、まあとりあえず世間に従っておきたい。

さて、オカルトたるＵＦＯのどこが悪いかというと、まず頭脳に悪い、精神によくないと思う。

精神によくない以上、きっとからだにも悪影響がでるだろう。両方やられた結果として、残念ながら人生を誤ることも多いと思う。

それではどうして精神によくないか？

ＵＦＯあるいは空飛ぶ円盤の世界は本質的に錯乱しているからである。それは不条理が支配し、昼の世界の論理の届かない領域——理性とか常識なんかは通用しない場なんだ。

話せば分かる――なんて近寄ったら、えらい目にあう。こんな世界に深入りしてしまったら、よほど強靱な精神の持ち主でもないかぎり、まともな状態で戻ってこられないのも無理はない。

このようにUFOというのは非常に危険である――あらゆるオカルトが本質的にそうであるように。

危険で悪いなら放っておけばいいじゃないかというと、これがそうもいかない。UFOというのは、危ないのと同時に、そして、まさにそれがゆえに、僕たち人間という存在の根源、あるいは世界というものの本質を考えるうえできわめて重要な鍵を握っている――僕はそう信じているからだ。

UFO体験の存在を出発点に

UFOをめぐる議論でうんざりしてしまうのは、いまだに多くの人々が、あるか、ないかでやっているところだ。正直な話、これはもういい加減にしてほしいな。

といって、UFOは実在するんだから、そんな議論で時間を無駄にするなと、唱えているわけじゃない。議論のそもそものたてかた、出発点が間違っていると僕はいいたいわけ。本当のところ「ある」とか、「実在」とかいう言葉の孕《はら》む曖昧さの再検討を僕たちは迫られているともいえるのだが、これはかなり小難しくなるから、ここではおいといて、まず重要なのは、ＵＦＯとＵＦＯ体験とをごっちゃにしないこと、両者を峻別するということ。

つまり、こういうことだ。

一九四七年のケネス・アーノルドの空飛ぶ円盤目撃事件以降に限ってみても、世界中で夥《おびただ》しい数の人々がＵＦＯ、空を舞う正体不明の「何か」を目撃したと主張している。こういった人々の体験を、真剣な円盤研究のパイオニア、アレン・ハイネックにならってＵＦＯ体験と呼んでおこう。ＵＦＯや円盤なるもの自体の存在については肯定でも否定でも勝手にしていただいたらよいが、でも、ＵＦＯ体験が存在することだけは、よほど強硬な改訂論者《レヴィジョニスト》でもないかぎり、絶対に否定できないはずだ。

そして、すべての論議はここから始まるべきなのだ――ＵＦＯ体験はたしかにある、存在するというところから。

存在したっていいじゃない――こう呟《つぶや》いて立ち去るひとはそれで結構、いやあ、もう少し深く考えてもらうと有り難いんだけどといいつつ、僕も引き下がるのに吝《やぶさ》かではありません。

一方で、そんなもん、錯覚、迷信、妄想やから無意味や、非科学的、反科学的、非教育的やというひともでてくる。

こういう連中には、僕は少し違った感情を覚える。なぜなら、彼らの多くは説明したつもりでいるからだ。自分では分かっているつもりなんだよね。しかし、それのどこが説明なのか。なぜ、かくも膨大な数の人間が空に何かを見るという奇妙な錯覚、妄想に襲われなければならないのか、その点まで解明できなきゃ、それこそ無意味じゃないか。そして、こんなにも大規模なかたちで錯覚、妄想が起こっているとしたら、僕たち人間という生物の意識や認識メカニズムにひょっとして関連しているんじゃないか——こういう疑問が起こっても当然というものだろう。少なくとも罰は当たらんだろうが。そこまでいかなくたって、世の中訳の分からないこともあるんだなくらいは思えよな。

営々として保存記録されてきたＵＦＯ体験を、虚心坦懐に眺めてみてください。事態はかなり異様なものなんだよ。だって、時間的にも地理的にも広汎にわたって、人々は円盤を目撃したと口走るの

UFO研究のパイオニア、アレン・ハイネック（左）とジャック・ヴァレ（右）

をやめないでいるんだぜ。逆説的になるが、あまりにも大規模で持続的なために、僕たちはかえって慣れっこになっちゃって、その異様さを見失ってはいまいか。そして、一方では、マスメディアの扱いによってＵＦＯ体験のいかがわしさは増幅され、他方、ＵＦＯ「研究」はこれまでのところ確たる成果を上げないままに、混沌へと崩れおちていく。しかし、それでも、ＵＦＯ体験は僕たちを襲うのをやめやしない。

ＵＦＯ体験の存在が疑えないとしても、実際のところ、それはきわめて多様な側面、要素を備えているので、ひとことでＵＦＯ体験と呼んでよいものかためらいすら覚える。もちろん、これらは互いに密接に関連してもいるわけなんだけれど、とりあえずは切り離して考えないと、議論はまたもや混乱してくる。ここでは、ＵＦＯ体験を構成する基本的で重要な要素のうち、ふたつを取り上げてみよう。

ただ、その前にひとこと――「地球外起源説（ＥＴＨ）」[1]、すなわち、ＵＦＯ即宇宙人の乗り物という考えは頭から追い払っていただきたい。これは長年流布してきたから、その汚染から逃れるのはかなり困難かもしれない。でも、それをやっておかないと、ＵＦＯ体験の本質には迫れない。ＥＴＨは絶対誤りだと断言するほど僕も強心臓ではないけれど、しかし、それはあくまでひとつの仮説にすぎない。ＵＦＯ体験と直接向き合おうとするとき、ひとつの仮説だけに囚《とら》われていては邪魔になるばかりだ。ともかく、ＵＦＯを操ってるのは宇宙人、だから皆の衆、大変だ、あるいはそんな馬鹿なことがあるか、と喧嘩してると、またもや肝腎のＵＦＯ体験はどこかにいってしまうだろう。

空に何かが見える

さて、まず、ひとつめだが、これは空に何かが見えるというもの。当たり前すぎて拍子抜けするかもしれないけれど、まあ聞いてください。しつこいようだけど、円盤じゃなくて、あくまで「何か」だよ。

ＵＦＯ体験において、これが数の上では圧倒的多数を占める。もちろん、自然現象などの誤認、錯覚が高率で入り込んでくるし、悪戯、売名目的の人間もまぎれこむのは仕方がない。でも、それらを排除していっても、やはり空に正体不明の何かが見えた、見えてしまったという人々の数はかなりにのぼるだろう。

そんな変なものを見てしまう彼ら、彼女らは、果たして、円盤肯定論者の唱えるように「普通」の「健全」で「常識」ある「市民」なのか。それとも、一部の否定論者の批判するように、精神が「不安定」で「不自由」な「病人」なのか？　こんな問いも、しかし、あんまり意味がない。

アーノルドの目撃事件以降に形成された空飛ぶ円盤という概念あるいは準拠枠をとっぱらってみよう。そうしてみると、一九四七年に突如として空に何かが見えはじめたわけじゃないってことが明らかになる。

一九四六年にはスウェーデンで「幽霊ロケット」目撃事件、第二次世界大戦中には各地で「幽霊戦闘機」目撃事件、一九一〇年前後には英国で「謎の飛行船」目撃事件、一八九六年から九七年にかけては米国北西部でもやはり「謎の飛行船」事件と、いくらでも出てくるのである。これはどんどん過去に遡行していくことが可能だ。

本邦でいうと、江戸期の随筆類を繰っていけば、かなりの頻度で正体不明の何か――当時の呼び方で「光り物」――が天空を跋扈《ばっこ》していたのが分かるだろうし、えいやっと一気に時代と国を跳びこえれば、新約聖書マタイ伝に登場する「星」[2]にまでいきつくだろう。ただ、空に舞う何かを見た昔の人々はそれをもっぱら超自然的な徴《しるし》と解釈した。重大な事件、災厄の到来を知らせる神のお告げと考えたわけ。

一七世紀英国のある木版画では、これら「天空の徴」は怪物、剣、馬車などさまざまに解釈されて描かれている。このうち、馬車というのは過渡期的な形態として興味深い。なぜなら、一九世紀以降、空を飛ぶ何かは超自然的存在から機械へと完全に姿を変えてしまう——つまり、飛行船、飛行機、ロケット、宇宙船といった「乗り物」だと認識されるようになるからだ。これらの認識がその時代時代のテクノロジーと対応しているのはいうまでもなく、馬車という解釈は、こういった乗り物の系譜の初期に属するものとなろう。

こういった認識の変遷は、もちろん、近代における超自然への信仰の衰退と科学技術の進歩を反映しているわけだが、ここで、はい、さようですかと妙に腑に落ちていただいても困る。

真に重要なのは、認識、解釈が変化したのはともかく、人間は大昔から現在にいたるまで空に何かを見続けてきたことだ。UFO体験は二〇世紀半ばにおいて発生したものではさらさらなく、おそらく僕たち人間という生き物と共に最初からあるのだ。

UFO目撃体験の多くが、光体、光をめぐるものであるのは示唆的であろう。なぜなら、古今東西の宗教家やシャーマンなどの神秘体験を調べてみればすぐに分かるように、そこでは「光」を見るということが大きな役割を果たしている。光の体験が超越的世界へ通じるチャネルとして機能している。一方、目撃体験者もまた、空を飛ぶ光を見たことによって、日常世界の崩壊、変容を意識するのだ。そして、光の彼方に口を開いているのは、理解不能の世界に他ならない……。

搭乗員との遭遇

空をおとなしく飛んでいるうちはまだいい。

しかし、これが地面に降りてくる。

降りてくるだけじゃなくて、中から……。

そう、訳の分からんもんが出てくるのである。しかも、時にはこれだけじゃあ気が済まなくて、話しかけてきたり、揚げ句の果てには誘拐を企んだりするのである。

いわゆる「搭乗員」の目撃、遭遇は、たんなるＵＦＯの目撃に較べると、量的には圧倒的に少ないけれど、しかし、多様で複雑怪奇な様相を呈するＵＦＯ体験のうちでも避けては通れないものだ。

これはまた同時にＥＴＨによってとりわけはなはだしく汚染されている領域でもある。「円盤」から「高等生物」が出てきたら、それはやっぱり宇宙人というほかなく、「搭乗員」などとニュートラルな言葉で呼ぶのは少々意固地ではないかしらんと思う人もいるかもしれない。

いっぽうでは、「搭乗員」と喋った、それも「テレパシー」で喋ったなどという報告例を耳にするだけで、顔をしかめる人もいる。これは否定論者だけに限らない。ＵＦＯを客観的、科学的に研究すると標榜《ひょうぼう》する人々の一部も、そんなのは嘘にきまっている、そんな「非科学的」な話はまっとうな研究の妨害だと怒りだすのである。そして、実際、困ったことに、無茶苦茶かつ支離滅裂な嘘八百を並べたてる「搭乗員」で報告ファイルは溢れかえっているんだ。

　しかし、円盤を製造、操作するほどの宇宙人がそんな阿呆なことをいうわけない、ゆえに嘘であるといきまいたりしてはいけない。馬脚をあらわすとはまさにこれになるだろう。だって、勝手にＥＴＨを前提にするのはルール違反でしょう。

　当たり前のことだが、ＵＦＯ体験そのものに科学的、非科学的の区別などありゃしない。いかに荒唐無稽に聞こえようとも、それはともかく厳然として存在する。あまりの馬鹿馬鹿しさに軽蔑、困惑、嫌悪はたまた憤怒といった感情が湧き上がるのは理解できるが、それだけじゃ何にもならない。さきほどと同じく、ここでも僕たちに必要なのは、体験と向かい合い、それを狭い限定されたコンテクストから解き放ってみることなんだ。

　搭乗員体験のうち、ここではもっとも劇的なもの、近年アメリカを中心に猖獗《しょうけつ》を極める誘拐事例《アブダクション・ケース》を例にとってみよう。

誘拐事例の最初の報告はおそらく一九五七年にまで遡れるが、ＵＦＯコミュニティで一躍脚光を浴びるようになったのは、バーニー・ヒルとベティ・ヒルの事例（一九六一年）が一九六六年に公表されてからのことである。以降、報告例は増加、浮上する一方で、今やアメリカのＵＦＯ界ではＵＦＯ現象の中心、宇宙人と円盤の実在を示す最後の切り札となった感すらある。

さて、誘拐事例の典型的パターンは、次のように要約できるだろう。被害者は円盤を目撃——目撃記憶には奇妙な空白があり、場合によっては後に原因不明の不安、恐怖に苛《さいな》まれる。ある期間を経たのち、被害者は退行催眠によって「記憶」を回復、空白の時間に自分が搭乗員によって円盤内部に拉致《らち》され、身体的検査を受けたことを知る。なお、搭乗員は小人《こびと》が多く、身体検査は子宮、ペニスなど性的器官に及び、精液、卵子の採集はおろか、ときに搭乗員によるレイプ（？）にまで至る。

まあ、あんまりつきあいたくない不気味な世界だよね。

嘘と叫びたくもなるのは、僕とて同じである。バド・ホプキンズやデイヴィッド・Ｍ・ジェイコブズ[3]といった米国ＥＴＨ系ＵＦＯ研究者は、もちろん、宇宙人が人間を誘拐して、地球人と宇宙人の混血を作っていると主張しているわけだけど、これはこの際忘れましょう。

まず、注目すべきは搭乗員が小人である点。現在までに蓄積された搭乗員目撃例でも小人はかなりの率を占めているんだが、誘拐事例の場合、これは異常なまでの高率になっている。

人間を誘拐する妖精たち

ここで妖精に登場してもらう必要がある。

妖精とＵＦＯの結びつきは唐突に聞こえるかもしれない。でも、西欧の妖精伝承と搭乗員体験との類似については、秀れたＵＦＯ研究者ジャック・ヴァレが早くも一九七〇年に指摘しているところなんだ。[4] 本稿ではとても詳細に触れる余裕はないが（拙著『何かが空を飛んでいる』［新人物往来社、一九九二年］[5]を参照していただければ有り難い）、小人型搭乗員目撃例と、「小さい人々」とも呼ばれる妖精の過去の伝承、目撃例は驚くべき一致をみせている。別の言い方をすれば、ほぼ同一の体験が、過去においては妖精、現代においては宇宙人と解釈されているともいえよう。これは空を飛ぶ何かがかつては馬車、今は宇宙船と考えられているのと軌を一にしており、僕たちはつねに文化的、歴史的文脈の制約の下でしか解読できないらしい。

ところで、たとえば日本では西洋の妖精といえば可愛らしくて優しいみたいなイメージに包まれている気がするけれど、実際の民間伝承における妖精たちはそんな甘いものではない。彼らは時には人間に善行をなすが、時には邪悪な存在なのであり、基本的には避けておくのが賢明な奴ら、異類なんだ。しかも、妖精たちの活動で人間にもっとも知られ、もっとも恐れられていたのは、人間を妖精界へ拉致してしまうことだった。そう、まさにこの点で、妖精伝承は誘拐事例と強力な一致をみせている。

誘拐事例から便宜上、退行催眠――これがまた厄介かつ怪しげな代物だが、本稿では立ち入らない――の部分をとっぱらってみると、（a）搭乗員との遭遇、（b）「円盤」内部への拉致、（c）身体的検査、（d）解放というように整理できるだろう。

まず、遭遇――異類たる小人に出会うという点はもちろんのこと、その過程にも類似がみられる。妖精との遭遇の一典型は、馬に乗っていると、馬が理由もなく立ちどまり、不思議な光と音が登場、そして妖精が出現するというもの。これは、車を走らせていると、不意にエンジンが停止、謎の光と音が知覚され、搭乗員を目撃、というのとほぼ対応していよう。ただ、現代では謎の光は円盤、音は電子的発信音ということになってしまい、乗り物が止まるのはＵＦＯの「電磁効果」と呼ばれるにすぎない（馬の場合は、高周波なんかのせいにする手もあるね）。

拉致――誘拐事例の場合、被害者は麻痺あるいは失神状態で円盤内部へと運びこまれるが、妖精も人間を同様な状態にしておいてから妖精国の宮殿へと連れ去る。順序が後先《あとさき》になるけれど、解放後の記憶における時間の空白（つまり、ほんの数分だと思っていたのが数時間経過していた）も、誘拐事例の専売特許ではなく、妖精国から帰ってきた人々も同様な体験をする。これは浦島太郎の話なんかを思い出してもらってもいい。

さて、次は身体的検査だ。誘拐事例の被害者たちは、耳や鼻孔あるいは頭蓋などに針をつっこまれたりして大変な目に遭うのだが、彼らの多くが声を大にして訴えるのは、すでに述べたように、搭乗員たちの人間の生殖器官に対する異常なまでの関心ぶりである。まさか妖精はそんなことに関心もたないよなと思ったら大間違い。多くの伝承によれば、妖精が人間を誘拐する理由はただひとつ――白分たちの血統を強化するために、妖精族は人間という種の血を欲しているからだという。換言すれば、彼らもまた卵子や精子を必要としていたのだ……。

このように、一見したところ何の関係もないような誘拐事例と妖精伝承に、実は著しい相似関係がみられるんだ。もちろん、だから

英国の画家リチャード・ドイルの描いた妖精（1884年）

といって、ここから一足飛びに決定的な結論がでてくるわけではない。でも、少なくとも、こういった角度から眺めることによって、搭乗員体験を解釈するいくつかの可能性が浮上してくるだろう。

幻想と現実の区別ではなく

たとえば、誘拐事例に代表されるような種類のUFO体験は、過去の妖精伝承の大規模な復活、変奏であるという可能性。ほぼ消滅しかかったはずのフォークロアが、装いも新たに蘇生しているのかもしれないんだ。

これがもし正しいとしたら、それだけでもとても大事《おおごと》だと思うな。フォークロアというと、田舎のおじいちゃん、おばあちゃんが囲炉裏端《いろりばた》で……みたいなほのぼのとした（？）イメージがつきまといがちだけれど、UFO体験＝フォークロア仮説はこういったイメージを粉砕するだろう。UFO体験はまさにアクチュアルなものとして僕たちの生のただなかに現前しているのだから。

ここで強調しておきたいのは、UFO体験が基本的には、まさに特定の個人が現実としてヴィヴィッドに体験したと信じてやまないものとして立ち現われている点だ。つまり、「昔、昔、あるところで――」だとか、「友人の母の親戚が一〇年くらい前に見たんだけどさ――」とかいう伝聞再話ではなく、単刀直入にたとえば「一九八一年八月九日午後六時半、生駒山麓の自宅付近で、この俺が――」とくるのだ。

したがって、近年躍進めざましい都市民俗学のような立場からのアプローチだけでは済まない。なぜなら、都市民俗学にあっても、幽霊譚《たん》などさまざまな都市伝説はあくまでも口碑として捉えられているからだ。つまり、それはつねに語られる物語だと了解されており、具体性を帯びた体験、固有名詞の刻印された体験の存在（の可能性）は当然のことながら排除される。

もちろん、ＵＦＯ体験の中にも語られる物語のレヴェルへと移行したものが存在するのは否定できず、その顕著な例が円盤墜落回収事件や政府陰謀説に見出せよう。こういった部分については、都市民俗学の導入は価値があるんだけれどね。

また、ウラジミール・プロップ[6]のような民話の構造分析の適用もある程度まで有効ではあるが、同様な理由から、それだけではＵＦＯ体験の本質には迫れないと思う。

ＵＦＯ体験、それは恐怖や驚異に満ちた「実体験」として認識されている。ここのところが重要だ。

それが実際に現実であるか幻想であるのかという問いかけも、無効かもしれない。幻想が現実として認識、体験されるとき、それは体験の主体にとってはやはり現実の一部なのだから。そして、過去の口碑の背後に存在するのも同様な体験であるのかもしれない。

パラレルな事象――性的虐待

細部に立ち入ることはとうていかなわないが、誘拐事例は分析すればするほど興味深いものがでてくる宝の山、あるいは悪夢の宝庫である。ここでは、あともうひとつだけ触れておこう。

それは、性、あるいは家族の問題である。

誘拐事例に性的要素が濃厚なのは、何も身体的検査に限ったことではない。たとえば、搭乗員の外見。これはたんに背が低いだけでなく、頭髪がなくて、吊り上がった大きな眼、それに較べて、異様に小さな鼻と口といった姿で登場してくる。

換言するならば、現在、アメリカを中心に流布する搭乗員像は人間の胎児と酷似しているのだ。いったい、異類たる搭乗員の姿は、なにゆえに胎児のそれとして提出されねばならないのだろうか。一方で、被害者の生活歴について詳しく報告された事例を仔細に眺めていくと、被害者が、家族や広義の意味での性についての問題を抱えているのが見え隠れしていることが多い。

実際のところ、観点を変えれば、誘拐事例とは性的虐待をめぐる幻想ともいえなくはない。

今では、被害者が子供の頃から宇宙人による誘拐、虐待を繰り返し受けていると主張する例はちっとも珍しくない。加害者がもっぱら宇宙人だと唱えられているから、話が見えなくなっているんだ。

そして、誘拐事例が八〇年代、九〇年代アメリカのポップ・カルチャー、裏の文化を賑わせているとするなら、表の文化ではそれとパラレルを成すように幼児虐待とりわけ、その性的虐待の問題が大きく浮上している。

これは決して偶然ではないと思う。

この対応関係の存在を強く示唆するものとして、表と裏の中間に位置する「悪魔的幼児虐待」なるものがある。[7] これは子供が人間に性的虐待を受けるという点では、通常の幼児虐待の範疇《はんちゅう》に入れることも可能だが、加害者がたんに両親とかじゃなくて、性的儀礼をおこなう悪魔崇拝者だとされる異様さで、誘拐事例にやや接近してくる。宇宙人を信じる

ＵＦＯ研究者にかわって、ここでは悪魔の実在を信ずるファンダメンタリストが活躍、宇宙人ならぬ悪魔崇拝者の恐るべき所業を世間に訴えるのだ。

それればかりではない。誘拐事例と同じく、悪魔的幼児虐待においても、証拠になるのはもっぱら被害者の証言なのだが、この証言もまた主として退行催眠によって引き出されるのだ。なお、日本人の眼から見れば、悪魔的幼児虐待も誘拐事例も荒唐無稽さでは五十歩百歩の感があるけれど、今なおファンダメンタリストが一定の勢力をもつキリスト教文化圏にあっては、悪魔的幼児虐待はかなりの説得力をもつのであり、英米では実際に法廷を舞台に争われている。

ともかく、僕としては、誘拐事例と幼児虐待はその深層において通底しているのを疑わない。誘拐事例が完全な幻想だとしても、それは僕たちの生の暗部で起こりつつある何かを反映しているのだろう。その意味において、ＵＦＯ体験とは、僕たちの生の闇の部分、抑圧された不安や恐怖が噴出する場なのであり、まさに「隠れたもの《オカルト》」なのだ。

ＵＦＯ体験の裡《うち》に顕現する錯乱した世界とは、じつは僕たち人間という存在の本質を逆に照射し、現実とは何かについて根源的な問いを投げかけるものでもある。

光体が空を乱舞し、小人たちが跳梁《ちょうりょう》する奇怪な世界、それを一笑に付すのはとてもたやすい。

でも、繰り返しいっておきたい――ＵＦＯ体験は僕たちを襲うのをやめはしないだろうと。

注【以下はすべて編者による注】

1　Extraterrestrial Hypothesis

2　「見よ、彼ら〔＝東方の三博士〕が東方で見た星が、彼らより先に進んで、幼な子〔＝イエス〕のいる所まで行き、その上にとどまった」（『マタイによる福音書』二章九節）。

3　ジェイコブズの著書には『未知の生命体――ＵＦＯ誘拐体験者館の証言』（矢追純一監訳、講談社、一九九四年）などの邦訳がある。

4　Jacques Vallee, *Passport to Magonia: From Folklore to Flying Saucers* (Neville Spearman, 1970). 邦訳『マゴニアへのパスポート』（花田英次郎訳、私家版、二〇一六年）。

5　後に『定本　何かが空を飛んでいる』（国書刊行会、二〇一三年）として再刊。

6　ウラジミール・プロップ（一八九五～一九七〇）はロシアの民俗学者。彼の著作『昔話の形態学』（北岡誠司・福田美智代訳、白馬書房、一九八七年〔原著は一九二八年刊行〕）は文化人類学や言語学にも大きな影響を及ぼした。

7　「悪魔的幼児虐待」の代表的事例であるポール・イングラム事件については、ローレンス・ライト『悪魔を思い出す娘たち』（稲生平太郎・吉永進一訳、柏書房、一九九九年）を参照。

初出一覧

- 鼎談1「オカルトがなぜ悪い！」
　（『別冊歴史読本特別増刊58　オカルトがなぜ悪い！』、新人物往来社、一九九四年）
- 鼎談2「「異端」と「正統」の思考」
　（『別冊歴史読本特別増刊50　禁断の超「歴史」「科学」』、新人物往来社、一九九四年）
- 「人類を呪縛してきたオカルト衝動」
　（『別冊歴史読本特別増刊58　オカルトがなぜ悪い！』、新人物往来社、一九九四年）
- 「天に光、地に妖精――UFO体験をめぐって」
　（『別冊歴史読本特別増刊58　オカルトがなぜ悪い！』、新人物往来社、一九九四年）
- 「オカルトという言葉の正体――未整理な「経験」に貼り付けられたラベル」
　（『別冊歴史読本特別増刊58　オカルトがなぜ悪い！』、新人物往来社、一九九四年）
- 「「異端科学狩人」たちのオカルト狩りを笑いとばす」
　（『別冊歴史読本特別増刊58　オカルトがなぜ悪い！』、新人物往来社、一九九四年）

解説

横山茂雄

本書に収録した井村宏次、吉永進一、稲生平太郎（横山茂雄）の鼎談二篇および三者それぞれの筆になる文章の初出は一九九四年である。鼎談「「異端」と「正統」の思考」以外は、いずれも雑誌『別冊歴史読本　特別増刊』の『オカルトがなぜ悪い！』と題された号（一九巻二二号、一九九四年八月）に掲載された。

既に三〇年という歳月が経過しており、現時点でたとえば四十歳に達する読者にしても、その頃はまだ小学生にすぎない。したがって、当時の〈オカルト〉をめぐる状況を粗略ではあるけれど説明しておきたい。なお、〈オカルト〉という語は厳密な定義がほとんど不可能なので、ここではごく大雑把な意味で用いている。

一九七〇年代半ばに本邦で巻き起こった空前の〈オカルト〉ブームは、八〇年代に入っても沈静する方向には転じなかった。依然として多くの人々の心を魅了しつづけ、〈オカルト〉と並行して〈精神世界〉という言葉も流布するようになる。八〇年代半ばに活動を始めヨガや超能力を看板としたオウム真理教は、明らかにその流れから出現してきた。雑誌『ムー』（一九七九年創刊）が大部数を誇り、細木数子の占術書や丹波哲郎の心霊書がベストセラーとなり、チャネリングが広まったのも八〇年代である。また、霊能者の宜保愛子の登場する雑誌記事やTV番組が大変な人気を呼んだ。さらに、九〇年代に突入すると幸福の科学などが注目を浴びるようになる。[1]

当然ながら、世間における〈オカルト〉のこうした過熱状態、あるいは、〈オカルト〉色の濃い宗教、カルトの躍進に危機感を覚えて批判する動きも募っていく。既に八〇年代半ばから、統一教会（世界基督教統一神霊協会／現・世界平和統一家庭連合）のいわゆる霊感商法は大きな社会問題と化していた。さらに、オウム真理教に関する様々な疑惑も八〇年代末には顕在化し、八九年一〇月には「オウム真理教の狂気」と題する記事の連載が週刊誌『サンデー毎日』で開始される。九三年春になると、警察庁が同教に対する監視を強化するよう全国の警察に指示を下した。そして、九五年三月、地下鉄サリン事件が発生——オウム真理教本部の強制捜査がおこなわれる。これ以降、TV界は〈オカルト〉を売り物にするのをしばらく自粛するようになり、他方、九〇年代末頃から〈スピリチュアル〉という言葉が普及しはじめていく。

一九九四年夏に刊行された『オカルトがなぜ悪い！』は、以上のような文脈において理解していただく必要があろう。その編集後記[2]における「〝オカルト〟という言葉の持つイメージはけっしてよいものではありません」という言葉が如実に示すように、この時期、〈オカルト〉を批判する動き、〈オカルト〉に負の烙印を押す傾向は強まっていた。一例をあげれば、一九九四年五月に朝日新聞社が『オカルト徹底批判』（朝日ワンテーママガジン28、呉智英・監修）を出版しており、したがって、当時の風潮のなかでは「オカルトがなぜ悪い！」という題名自体が挑発的とも呼べるものだった。実のところ、『オカルトがなぜ悪い！』には「オカルト批判を徹底批判」なる副題が付されており、そもそも『オカルト徹底批判』への反駁《はんばく》として企画されたのである。[3]

ところで、この頃までに井村宏次は〈オカルト〉の領域でどのような活動をしていたのだろうか。

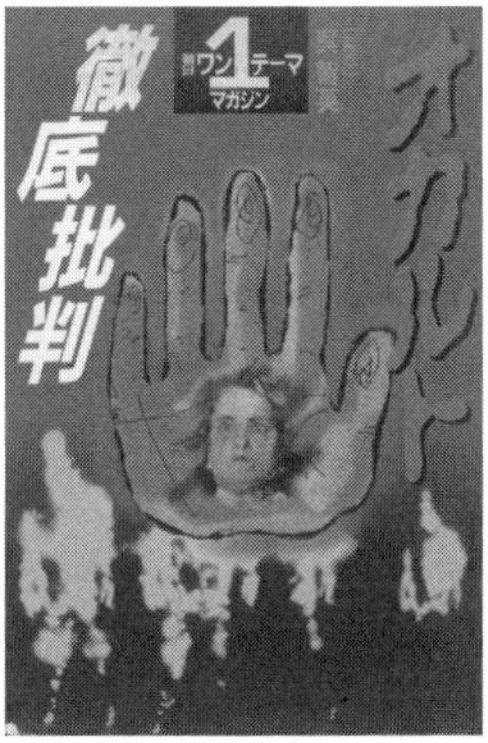

『オカルト徹底批判』
（1994年）

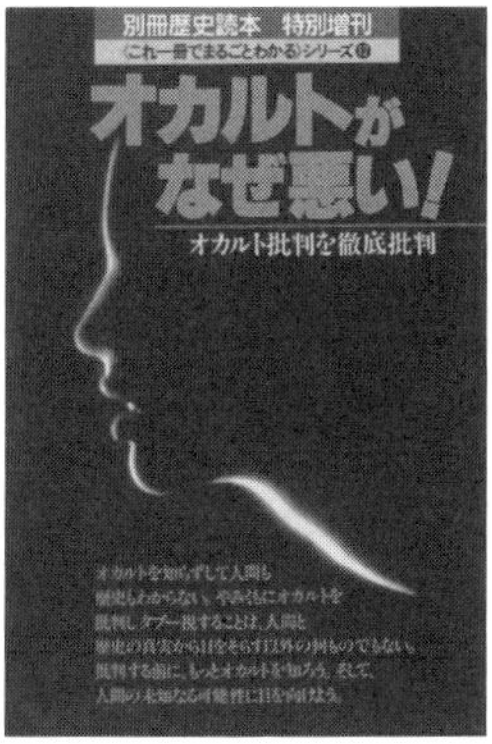

『オカルトがなぜ悪い！』
（1994年）

一九七五年に「生体エネルギー研究所」を設立し在野の超心理学研究家として精力的な研究をおこなってきた井村宏次は、その成果を八〇年代に陸続と上梓する。[4]

著書としては、『サイ・テクノロジー――気の科学・気の技術』（工作舎、一九八四）、『霊術家の饗宴』（心交社、一九八四）、『オーラ・テクノロジー』（三修社、一九八四）、『栄える「気」の研究――サイ・テクノロジーをビジネスに活かす』（日本教文社、一九八六）、『気の医学――あなたも気の使い手になれる』（アニマ2001、一九八八）などが刊行された。訳書、監訳書には、チャールズ・T・タート『サイ・パワー――意識科学の最前線』（共訳、工作舎、一九八二）、セルマ・モス『生体エネルギーを求めて――キルリアン写真の謎』（共訳、日本教文社、一九八三）、ジョン・ベロフ編『パラ・サイコロジー――超心理学の実験的探究』（共訳、工作舎、一九八六）、カール・フォン・ライヘンバッハ『神秘のオド・パワー――もう一つの科学史の系譜』（監訳、日本教文社、一九八七）などが挙げられる。

九〇年代になっても勢いは衰えず、九四年の時点で、『気の医学2――癒し　じぶんと世界の変容』（アニマ2001、一九九一）、『スーパーサイエンス――異形の科学を拓いたサイエンティストたち』（新人物往来社、一九九二）などの著書、トム・ダマー『チベット医学入門――ホリスティック医学の見地から』（監訳、春秋社、一九九一）、ヴィンセント・プラネリ『ウィーンから来た魔術師――精神医学の先駆者メスマーの生涯』（共訳、春秋社、一九九二)、ゲイリー・ドーア編『死を超えて生きるもの——霊魂の永遠性について』(共訳、春秋社、一九九三)などの訳書、監訳書が出ている。

欧米の超心理学の強い影響下で出発した井村は、七〇年代後半には自らが鍼灸師、つまり東洋医学の実践者となり、〈気〉の本格的研究にも手を染めていった。根底にあったのは人間の心と体に対する飽くなき探究心で、それは以上に列挙した著訳書に一目瞭然だろう。彼は実は霊能者でもあったのだが、〈オカルト〉の無批判的信奉者とは対極的な姿勢を貫き通し、その点でまさに稀有な人物だったといえる。西欧科学、西欧医学を否定するどころか、その偉大さ、有効性を強く認識していたし、いわゆる超能力であれ気功であれ、自分自身で実験、検証したもの以外はほとんど信用しなかった。トリックに欺かれないために、奇術の研究までしていたほどである。加うるに、彼は近代日本における〈オカルト〉の問題を歴史的に考察する作業をごく早い時期から開始しており、八〇年代半ばに刊行された『霊術家の饗宴』はこの分野における先駆的にして画期的著作と呼んで過言ではない。

それゆえ、世間の〈オカルト〉に無知、軽信とインチキが溢れ、悪辣な金儲けを企む人々が跋扈《ばっこ》し、一部の雑誌やTV番組が無責任にブームを煽るのは紛れもない事実にせよ、そういった側面だけを捉えてなされる批判や弾劾は、井村の眼にはあまりにナイーヴで浅薄なものと映った。

本書収録の「人類を呪縛してきたオカルト衝動」で、井村は「メディアに氾濫するオカルト情報」を「民衆全体の意識的、無意識的ニーズをそのまま反映」したものと解釈し、以下のように述べる。

この民衆、すなわち〝人間〟の強大なニーズこそが人間の深奥に隠された秘密を解きあかす鍵なのである。オカルトは、この深奥部の衝動を誘発する作用力として働くのだ。それを真に正しく理解することこそが大切なのであって、頭ごなしの否定をくりかえしたからといって、霊感、霊視商法、悪徳宗教、邪悪な呪術行為などの誘いかけにのる人を救うことはできないし、まして撲滅することなど不可能に近いであろう。筆者はオカルトを全否定する立場にはいない。だからといって全面的に肯定するわけでもない。否定、肯定という局面からものをみるのではなく、人類史の中でオカルトはいつの時代にも場所にも存在した（そして存在してきている）という立場から、この社会的ないしは人間的な現象をとらえるべきであると考えているのだ。

井村のいう「否定、肯定という局面からものをみるのではなく、人類史の中でオカルトはいつの時代にも場所にも存在した（そして存在してきている）という立場」は、わたしや吉永もまた共有するものだった。

わたしは一九七四年、吉永は七六年、共に大学生の頃に井村と初めて出会い、二人とも大きな影響を受け続けた。『オカルトがなぜ悪い！』の刊行時には井村とは既に約二〇年に及ぶ交流を結んでいたことになる。わたしと吉永は七〇年代末頃から近代西欧におけるオカルティズムに強い関心を抱くようになり、『ピラミッドの友』という同人誌に論考や翻訳を発表しはじめた。そして、一九八六年には、両者の共同編集で論集『オカルト・ムーヴメント――近代隠秘学運動史』（近代ピラミッド協会編、創林社）を刊行するにいたった。[6] その後、わたしの場合は、近代オカルティズムとナチ人種論の関係を扱った『聖別された肉体』（横山茂雄名義、書肆風の薔薇）、UFO論『何かが空を飛んでいる』（稲生平太郎名義、新人物往来社）をそれぞれ一九九〇年、九二年に上梓する。[7] 他方、九四年の時点で吉永はまとまった仕事をまだ発表していない。なお、九〇年代前半の時期でも、本邦の学界ではオカルティズムの歴史的、文化史的研究すら依然としていかがわしいものとして白眼視されていた事実には留意する必要があるだろう。その点において現在と三〇年前では大きな懸隔《けんかく》が存在する。

このたび三〇年前の鼎談、論考を改めて刊行する大きな契機となったのは、二〇二二年七月、参議院選挙期間中に起こった安倍晋三元首相の暗殺事件だった。以降、統一教会が再び世間を騒がせる大きな問題となったばかりか、宗教のみならずカルト、陰謀論、ひいては〈オカルト〉、〈スピリチュアル〉についての議論が盛んになっている。こういった状況には、一九九〇年代前半のそれと決してパラレルでないにせよ類似した面が看取できよう。本書の内容が現在の事態の理解に幾分なりとも資するかもしれないと考え、改めて世に送り出す次第である。

本書の編集にあたっての方針は冒頭の「凡例」に記しておいたので繰り返さないけれども、ここで若干の補足をしておく。

初出の『オカルトがなぜ悪い！』の巻頭には「批判する前に――オカルト批判をする前の常識」という無署名の短い文章が置かれており、文体、内容から井村の筆になるものと推測される。ただし、確証が得られなかったので本書への収録は見送った。また、吉永は初出ではすべて岩本道人というペンネームを用いているが、本書収録に際してはいずれも本名の吉永進一とした。

吉永の「異端《サイ》科学狩人《コップ》」たちのオカルト狩りを笑いとばす」は、同稿の編注にも記しておいたように、ロバート・アントン・ウィルソン『新異端審問』（一九八六）の吉永による抜粋訳への解説として書かれたものだが、初出の『オカルトがなぜ悪い！』で三〇数頁にわたる翻訳は版権の関係から本書には収めていない。ウィルソンは、サイコップに代表される懐疑論者、超常現象否定論者《デバンカー》を「新ファンダメンタリスト」と呼び、彼らの物質主義的ファンダメンタリズムは宗教的ファンダメンタリズムとほぼ同質だと唱えた。ウィルソンのこうした観点から吉永は大きな影響を受けている。[8]

九〇年代後半から、わたしの主たる関心は英国ルネッサンス期のオカルティズム、とりわけジョン・ディーに移り、その時代の西欧の〈オカルト〉についての理解がいかに浅く甘かったかを痛感することになる。[9] したがって、鼎談における自分の発言は今から見ると不正確、不適切な箇所が少なくないが、基本的には初出のままにしておいた。

井村宏次は二〇〇〇年代になっても多くの著訳書を手がけたが、二〇一四年に他界した。最後の著書となったのは死の直後に出版された『霊術家の黄金時代』（ビイング・ネット・プレス）である。ちなみに、井村には単行書未収録の夥しい数の文章があり、その一部を電子書籍の形態でビイング・ネット・プレスから順次刊行していく予定にしている。

井村の霊術家研究を継承した吉永進一が、積年の成果を編著『近現代日本の民間精神療法』（栗田英彦、塚田穂高との共編、国書刊行会）として上梓するのは二〇一九年のことである。その二年後には初の単著となる『神智学と仏教』（法藏館、二〇二一）が出たが、同書を遺して翌二二年には彼もこの世を去った。

末筆ながら、本書刊行のきっかけを作ってくれた山口泰生氏、そして、版元ビイング・ネット・プレスの野村敏晴氏に感謝する。

二〇二四年一月

注

1 一九九〇年七月刊行の『いまどきの神サマ――退屈な世紀末、人びとは何を祈る?』(別冊宝島114、JICC出版局)では、オウム真理教だけでなく幸福の科学も大きく扱われている。

2 無署名だが、執筆したのは当時の同誌編集長である野村敏晴(現・ビイング・ネット・プレス社主)。

3 『オカルトがなぜ悪い!』掲載の笠原敏雄「科学者たちの〝非科学的〟超常現象批判」の場合、『オカルト徹底批判』掲載の大槻義彦「だから、わたしは超能力・霊能力を否定する」、安斎育郎「心霊に惑わされる心と科学的態度」、久場川哲二「人は何故、超能力やオカルトに取り込まれるのか」への直接的反論として書かれている。本書五二頁も参照。

4　七〇年代中期の成果は、超感覚研究会編『超感覚——ESPの世界を探る・付キルリアン写真法の研究』（生体エネルギー研究所、一九七七）として自費出版された。二六〇頁を超える本格的な実験報告書である。

5　たとえば、『オカルト徹底批判』掲載の高倉克祐「宜保愛子の霊視の真相を暴く——テレビ特番の徹底検証から」や岡田晃房「オカルトを煽って答えを出さないマスコミ」では、当時行方不明とされていた坂本堤弁護士一家の居場所を宜保愛子が「霊視」できない点を強く批判している。

6　同書には井村「清水英範と霊術家の時代」、吉永（岩本道人名義）「神智学の誕生——或いは、HPBとアメリカ」、拙稿「影の水脈——西洋近代オカルティズム略史」を収録。「序」は横山が執筆。

7　後に、前者は『増補　聖別された肉体——オカルト人種論とナチズム』（創元社、二〇二〇）、後者は『定本　何かが空を飛んでいる』（国書刊行会、二〇一三）として再刊（「影の水脈」は『定本　何かが空を飛んでいる』に再録）。横山と井村、吉永との関係については、拙稿「井村宏次さんの思い出」（ASIOS編『昭和・平成オカルト研究読本』［サイゾー、二〇一九年］所収）、吉永進一「「余はいかにして「類似宗教学者」になりしか」、拙稿「編者解説」（共に横山茂雄編『吉永進一セレクション　第二巻——洗脳・陰謀論・UFOカルト』［国書刊行会、近刊］所収）、「横山茂雄ロングインタビュー——川島昭夫・吉永進一らとの交友、そして古本収集話」（『近代出版研究』第二号［皓星社、二〇二三］）、武田崇元・横山茂雄『霊的最前線に立て！——オカルト・アンダーグラウンド全史』（国書刊行会、近刊）などを参照。

8　ウィルソンの影響もあって、八〇年代後半に吉永の〈オカルト〉に対する姿勢はかなり大きく変化したように思われる。この点については、拙稿「編者解説」（『吉永進一セレクション　第二巻』所収）を参照。

9　拙著『神の聖なる天使たち——ジョン・ディーの精霊召喚　一五八一～一六〇七』（研究社、二〇一六）を参照。

き

く

け

こ

さ

し

す

人名索引

【プロフィール】

井村宏次
1942?—2014。超心理学研究家、東洋医学研究家、鍼灸師。著書に『サイ・テクノロジー』（工作舎）、『新・霊術家の饗宴』（心交社）、『気の医学』（アニマ2001）、『霊術家の黄金時代』（ビイング・ネット・プレス）など。

稲生平太郎
1954—　。作家。横山茂雄の筆名。著書に『アクアリウムの夜』（角川書店）、『定本　何かが空を飛んでいる』（国書刊行会）など。

吉永進一
1957—2022。宗教学者。著編書に『神智学と仏教』（法藏館）、『近現代日本の民間精神療法』（共編、国書刊行会）など。

横山茂雄
1954—　。英文学者。著書に『増補　聖別された肉体』（創元社）、『神の聖なる天使たち』（研究社）など。

オカルトがなぜ悪い！

二〇二四年六月一二日　初版第一刷発行

著　者　井村宏次・稲生平太郎・吉永進一
編　者　横山茂雄
発行者　埋田喜子
発行所　株式会社 ビイング・ネット・プレス
〒二五二-〇三〇三
神奈川県相模原市南区相模大野八-二-十二-二〇二
電話 〇四二（七〇二）九二一三
装　幀　山田孝之
印刷・製本　モリモト印刷
ISBN 978-4-908055-32-4 C0010

実践講座シリーズ

実践講座1　呪術・霊符の秘儀秘伝（増補版）　著＝大宮司朗　定価＝本体1700円＋税
霊符・折符・印法・鎮魂法・伊吹術・九字法・式神使役法。誰でも簡単にできる呪術の秘法を公開！

実践講座2　古神道行法秘伝　著＝大宮司朗　定価＝本体1600円＋税
霊験あらたかな秘伝の行法と占いを誰でも今すぐできるように、豊富な写真とともに紹介。

実践講座3　まじない秘伝　著＝大宮司朗　定価＝本体1700円＋税
古来より伝わるまじないを厳選、切って使える霊符50とともに紹介。

実践講座4　チベット密教 図説マンダラ瞑想法（増補版）
著＝ツルティム・ケサン＋正木晃　定価＝本体2800円＋税
チベットに残る貴重なマンダラを紹介。チベット密教の奥義に、真っ正面から取り組む画期的な書。豊富な図版によって、瞑想過程とマンダラを実感できる。

実践講座7　アレクサンダー・テクニーク入門—能力を出しきるからだの使い方
著＝サラ・バーカー　訳＝北山耕平　監修＝片桐ユズル　定価＝本体1600円＋税
能力を引きだすからだの使い方、アレクサンダー・テクニークの世界で一番やさしい本です。身心の無駄な緊張をゆるめることで、それまで抑えられていた能力を解放します。

実践講座8　紫微斗数精義—あなただけの星マンダラ占星術　著＝鮑黎明　定価＝本体1800円＋税
あなただけの星マンダラ占星術。それぞれの人生をピンポイントで読みとる、人生の羅針盤。中国古典占星術。

実践講座9　書写 霊符秘伝　著＝大宮司朗　定価＝本体1800円＋税
神道・道教・修験道などの霊験あらたかな霊符60を、健康長寿・家内円満・対人和合・恋愛成就・財運向上・災難防止などに分類し、お手本を添えて書き方を解説。

実践講座10　神易占い術　著＝大宮司朗　定価＝本体1600円＋税
10円硬貨6枚で、いつでも、誰でも、どこででも、簡単に占える。凶運を吉運に、吉運を大吉運に！

実践講座11　スペース・クリアリング　著＝ジム・ユーイング　訳＝澤田憲秀　解説＝井村宏次　定価＝本体1600円＋税
チェロキー族のメディスンマンがアメリカ・インディアンの「場」の浄化法を明かす。ポジティブ・エネルギーを呼び込み、あなたの周り、部屋・家・土地の波動を高めて、快適な生活をしよう。

実践講座13　五色彩色 霊符秘典　著＝大宮司朗　定価＝本体1700円＋税
切って使えるカラー霊符100枚を収録。神道・陰陽道・修験道・中国の霊符の中から五色の色使いで色彩豊かな霊験のあるとされてきた霊符100余りを紹介。

実践講座15　オーラ能力開発法―オーラ・テクノロジー　著＝井村宏次　定価＝本体1600円＋税
オーラを見るための訓練法、生気とオーラの発現能力開発法、オーラの人間関係学などオーラ・気・キルリアンのすべてを紹介。

実践講座16　ソースにつながる呼吸法―セルフ・ヒーリング・ハンドブック　著＝ジャック・アンジェロ　訳＝八木さなえ　監訳＝井村宏次　定価＝本体2000円＋税
ワンネス体験、幸福と調和、心の清明さ、ストレスからの開放、ポジティブ思考などのヒーリング・エネルギーを取り込むためにアチューンメントにより、霊的力を補充し、心と身体のバランスを調える呼吸法と瞑想法。

実践講座17　**センサリーアウェアネス—つながりに目覚めるワーク**

著＝シャーロット・セルバー　訳＝齊藤由香　定価＝本体1800円＋税

体とつながる、自然とつながる、地球とつながる、そして、宇宙とつながる。つながりの中で生かされている自分に目覚める「気づき」のワーク、「感じること」についての本です

実践講座18　**峨眉伸展功—あなたの身体を呼び覚ませ**

著＝張明亮　訳＝山元啓子　定価＝本体2100円＋税

大きく深い「伸展」をしよう。健康を保ち、記憶力を高め、老化しにくい身体を作り、調和のとれた愉快な生活を送る。12世紀から伝わる峨眉派気功伝承者が説き明かす内功導引術の秘訣！

実践講座19　**五臓の音符—気の音楽療法　CD付き**

著＝張明亮　訳＝山元啓子　定価＝本体2400円＋税

手印と坐法と旋律の吟唱が連動。〈肝・心・脾・肺・腎〉の五臓を振動させ、気の流れを調え、心身の安定を強化する。　付録CD付き　五行・五音の特徴を組み合わせた五臓養生楽を聞きながら練習できる。

実践講座20　**ものの見方—リラックスからはじめる視力改善**

著＝オルダス・ハクスリー　監訳＝片桐ユズル　訳＝村上敬子・田中千佐子　定価＝本体2400円＋税

近視・遠視・乱視・老眼・斜視に悩む人のための、自然治癒力を高める視力改善のためのメソッド。

＊定価は改定されることがあります。書店にてご確認ください。